Introdução à gestão da qualidade e produtividade

conceitos, história e ferramentas

O selo DIALÓGICA da Editora InterSaberes faz referência às publicações que privilegiam uma linguagem na qual o autor dialoga com o leitor por meio de recursos textuais e visuais, o que torna o conteúdo muito mais dinâmico. São livros que criam um ambiente de interação com o leitor– seu universo cultural, social e de elaboração de conhecimentos–, possibilitando um real processo de interlocução para que a comunicação se efetive.

Introdução à gestão da qualidade e produtividade
conceitos, história e ferramentas

Alexandre Shigunov Neto
Letícia Mirella Fischer Campos

Sumário

| Apresentação | 07 |

Fundamentos da gestão da qualidade — 09

A Revolução Industrial e suas implicações para a administração	12
O surgimento da administração	21
Aspectos históricos da Qualidade Total	33
Conceito de *qualidade*	45
Os grandes nomes da área da qualidade	59
Produtividade e competitividade	76
O que é Qualidade Total?	79

Ferramentas da Qualidade Total — 95

Ferramentas básicas	97
Ferramentas intermediárias	102
Ferramentas avançadas	124

Custos da Qualidade Total — 137

Definição de *custos*	139
Custos da qualidade	140
Redução de custos e melhoria da qualidade	148
Obtenção dos custos da qualidade	149

Considerações finais	154
Referências	156
Sobre os autores	164

Dedicatória e agradecimentos

A meus queridos pais, Viktor e Maria Lemir, pelo amor, pelo exemplo, pelos ensinamentos, pela dedicação, pela transmissão de valores de amor e respeito à vida e, principalmente, pelas muitas privações e dificuldades por quais passaram para proporcionar uma vida digna e melhores oportunidades aos filhos.

A meus queridos irmãos, André, Tatiana, Luiz, Adriano e Felipe.

Especialmente, à minha querida cunhada e amiga, Dilma (*in memoriam*), que nos deixou recentemente, perda muito grande de uma pessoa que nos faz muita falta.

À minha esposa e meu grande amor, Renata, companheira e amiga que sempre compreende e incentiva todos os meus sonhos e projetos e acredita neles. Agradeço pela paciência, pela colaboração, pelo apoio, pelo amor, pela ternura, pela dedicação, pela força nos tempos difíceis e, principalmente, por compreender minha ausência em alguns momentos.

Por fim, gostaria de deixar registrada a imensa alegria e felicidade com o crescimento de minha filha querida, Maria Clara, fonte de inspiração e alegrias. É maravilhoso compartilhar e presenciar sua constante alegria e seu sorriso. Você é linda e maravilhosa. Te amo muito, minha princesa!

Alexandre Shigunov Neto

À minha mãe, Neuzeli, fonte inspiradora e porto seguro em todos os momentos de minha vida. Às minhas amadas irmãs, Ana Paula e Gabriela, que, mesmo distantes fisicamente, estão sempre presentes. Às minhas sobrinhas, Maria Fernanda e Alecssandra, por serem meninas especiais, doces e fortes.

Aos meus alunos, principalmente àqueles cujas relações de amizade e companheirismo ultrapassam as fronteiras da sala de aula e com quem mais aprendo e me motivo a estudar para não decepcionar nunca.

A todos os colegas com quem trabalhei, especialmente aos professores Arnaud Francis Bonduelle e José Elmar Feger, por acreditarem e trabalharem incansavelmente em busca da qualidade total para os alunos do curso de Gestão da Qualidade da Universidade Federal do Paraná e para toda a sociedade.

Principalmente, ao meu filho, Bernardo, pessoa mais importante em minha vida, a quem procuro dedicar meus melhores momentos e minhas melhores conquistas. Espero sempre poder ser motivo de orgulho e certeza de amor incondicional.

Letícia Mirella Fischer Campos

Apresentação

Nosso objetivo na presente obra consiste em apresentar e discutir questões teóricas e práticas que possam facilitar a compreensão a respeito da gestão da qualidade e produtividade e sua importância para a competitividade das empresas. Também objetivamos demonstrar os principais aspectos históricos e contemporâneos desse tipo de gestão e reflexões sobre a aplicabilidade dos conhecimentos correlatos no dia a dia da sociedade, em geral, e nas organizações, em específico. A opção pelo tema justifica-se pelo interesse em desenvolvermos um livro que introduza de forma clara, simples e objetiva os fundamentos básicos da gestão da qualidade de modo que possa servir de subsídio para o processo de aprendizagem de todos aqueles que se interessam por essa área do conhecimento.

O que nos motiva a publicar uma obra cujo título é *Introdução à gestão da qualidade e produtividade: conceitos, história e ferramentas*? Fundamentalmente, encontramos três possíveis justificativas:

- A importância que a temática da gestão da qualidade ganhou nas últimas décadas do século XX e no início do século XXI.

- O número considerável de cursos de graduação e pós-graduação que apresentam a disciplina Gestão da Qualidade como obrigatória ou opcional na estrutura curricular.

- A contribuição possível a pesquisadores, docentes, alunos universitários e profissionais que atuam na área.

Com o intuito de alcançar os objetivos propostos e proporcionar uma leitura de fácil compreensão ao leitor, estruturamos a obra da seguinte maneira: no Capítulo 1, apresentaremos os fundamentos da qualidade e contextualizaremos a trajetória histórica da gestão da qualidade. Em seguida, no

Capítulo 2, trataremos das ferramentas da Qualidade Total, seus métodos e instrumentos. Na sequência, faremos um rápido panorama referente aos custos de implantação dos processos de qualidade.

Boa leitura e bons estudos!

Fundamentos da gestão da qualidade

Fundamentos da gestão da qualidade

Alexandre Shigunov Neto

Em seu cotidiano, ao ler um livro, um jornal, uma revista ou mesmo ao assistir a um programa de televisão, com certeza você já deve ter ouvido falar em *qualidade* e *gestão da qualidade*. São conceitos que, assim como *estratégia*, *liderança*, *empreendedorismo*, *logística*, *gestão ambiental* e tantos outros pertencentes ao mundo empresarial, estão presentes em nosso dia a dia.

Aprofundaremos e explicaremos mais detalhadamente neste capítulo o que é a gestão da qualidade e qual é sua importância para a sobrevivência das organizações. Tais conhecimentos são relevantes para você, futuro profissional que atuará nas empresas, e também para você que já está no mercado.

A preocupação com a qualidade e sua respectiva gestão não é nova: ela remonta a meados da década de 1920, quando foi introduzida na produção industrial como uma tentativa de reduzir os defeitos dos produtos, ganhando impulso de fato após a Segunda Guerra Mundial, inicialmente no Japão, no período de reconstrução do país. O assunto se tornou objeto de estudo de pesquisadores internacionais na década de 1950, recebendo atenção significativa por parte dos estudiosos[1] e pesquisadores na década de 1980.

Nosso objetivo neste capítulo é apresentar de forma clara e objetiva os fundamentos da gestão da qualidade e produtividade. Entretanto, para entendermos do que se trata e como essa ferramenta surgiu, faz-se

---

1   Entre os consagrados pesquisadores e estudiosos que discutem a qualidade, destacam-se: Feigenbaum (1983), Crosby (1988), Deming (1990), Juran (1990), Garvin (1992), Ishikawa (1993), Oakland (1994), Shiba, Graham e Walden (1997) e Castells (1999). No Brasil, podemos citar: Ballestero-Alvarez (2012), Bravo (2010), Campos (2004a, 2004b e 2014), Caravantes, Caravantes e Bjur (1997), Carpinetti (2012), Carvalho e Paladini (2012), Cierco, Rocha, Mota e Marshall Junior (2010), Carpinetti, Gerolamo e Miguel (2010), Las Casas (2008), Lobo e Silva (2014), Oliveira (1994), Paladini (1994, 1995, 2009, 2011 e 2012), Rodrigues (2013), Seleme e Stadler (2010), Shigunov e Campos (2004), Spinola, Berssaneti e Lopes (2014), Toledo, Borrás, Mergulhão e Mendes (2012) e Vieira Filho (2012). Sem dúvida, os dois grandes nomes da área são os professores Vicente Falconi Campos e Edson Pacheco Paladini, que há anos se dedicam aos estudos e à difusão do tema no Brasil.

necessário que retornemos ao período do aparecimento do modo de produção capitalista e do advento da Revolução Industrial. Trata-se de momentos históricos de extrema importância para o surgimento da gestão da qualidade.

1.1
A Revolução Industrial e suas implicações para a administração

A história da humanidade é marcada por momentos de transição, caracterizados por processos de transformações em todos os âmbitos da sociedade. São conjunturas de mudança que compreendem profundas revisões dos paradigmas sociais.

Então, podemos afirmar que as sociedades se transformam ao longo dos tempos? Sim! Basta analisarmos o modo de vida das pessoas que viviam em um tempo não muito distante do nosso. Por exemplo: a vida de uma família de classe média na cidade do Rio de Janeiro no início dos anos de 1930 era igual à de hoje em dia? Com certeza, não. O estilo de vida, os empregos e a tecnologia à disposição eram muito distintos dos atuais. Certamente, a sociedade será bem diferente daqui a alguns anos.

A sociedade industrial ou sociedade capitalista caracteriza-se fundamentalmente pela compra da força de trabalho do trabalhador pelo capitalista, detentor dos instrumentos e do local de trabalho. O advento do modo de produção do capitalismo torna-se evidente em momentos decisivos, como:

- as transformações políticas e sociais do século XVII;
- a Revolução Industrial, que teve importância essencialmente econômica, no fim do século XVIII e início do século XIX.

Fundamentos da gestão da qualidade

Alexandre Shigunov Neto

A expansão do capitalismo foi um processo lento, irregular e caracterizado por imensos conflitos, mas que se tornou possível graças ao somatório de diversos fatores, entre eles:

- a privação dos trabalhadores de qualquer possibilidade de subsistência, que não o trabalho assalariado;
- a preocupação com a organização e o controle do trabalho;
- uma profunda revolução cultural;
- uma metódica e rígida política repressiva contra os trabalhadores que se negavam a aceitar as novas relações sociais impostas;
- a institucionalização de mecanismos oficiais – por meio de leis, decretos e documentos – que tinham como função inserir os indivíduos nas novas relações de produção de forma a amenizar os conflitos então existentes; demandas concretizadas inicialmente pelo serviço militar e mais tarde pela escola.

Destacamos dois:

- a criação da fábrica
- a Revolução Industrial.

Então, quais são as características do modo de produção capitalista que o distinguem do antigo modelo feudal? Entre elas se incluem:

- o princípio da propriedade privada dos bens e dos meios de produção e consumo;
- a existência de duas classes: a do detentor do capital, que compra a força de trabalho do trabalhador, e a do trabalhador, que vende sua força de trabalho em troca de um salário;
- a produção de bens com o intuito de obter lucro;
- a liberdade de iniciativa;

- o mercado baseado na concorrência;
- a máxima rentabilidade na produção de bens econômicos.

Desse modo, podemos concluir que o elemento fundamental do modo de produção capitalista é a **mercadoria**, e o objetivo principal é a **acumulação de capital/lucro**.

A palavra *mercadoria* deriva de "mercador", que se origina de *mercator* (em latim), que, por sua vez, denomina aquele que compra algo para vender. Portanto, dizemos que *mercadoria* é tudo aquilo que é objeto de comércio, um bem econômico destinado à venda (Horaiss, 2009).

Para o conhecido economista e filósofo alemão Karl Marx (1987), a mercadoria é um objeto externo que, por suas peculiaridades, tem a capacidade de satisfazer as necessidades humanas, sejam quais forem, e apresenta um valor de uso e um valor de troca.

Fique ligado!

Karl Heinrich Marx (1818-1883) nasceu em Tréveris, pequena cidade da Alemanha. Procedia de uma família de judeus da alta classe média; o pai era advogado e a mãe, do lar. Estudou Direito na Universidade de Bonn e, em 1836, com 18 anos, foi transferido para a Universidade de Berlim, onde terminou os estudos. Nessa instituição, teve contato com o pensamento de Hegel (considerado um dos grandes mestres da filosofia no século XIX), criticando-o mais tarde. Em 1845, teve de se mudar para Bruxelas (Bélgica) devido à perseguição do governo prussiano. Foi quando conheceu o grande amigo e parceiro Friedrich Engels. Três anos mais tarde, retornou para a Alemanha e lá permaneceu apenas até 1850, quando se mudou para Londres, onde viveu até falecer em 14 de março de 1883, aos 65 anos de idade.

Ao longo da vida, Marx publicou inúmeros livros que, após sua morte, foram traduzidos para vários idiomas. Entre eles destacam-se: *O 18 brumário de Luís Bonaparte*; *A guerra civil na França*; e *A ideologia alemã*. Este

Fundamentos da gestão da qualidade

Alexandre Shigunov Neto

último, em parceria com Engels e publicado em 1926, foi a primeira formulação do materialismo histórico e prega que o fato econômico antecede a ideia.

Em 1848, foi publicada outra grande obra de Marx, *Manifesto comunista*, na qual ele apresenta um programa explícito de transformação da sociedade. Em 1867, veio seu principal trabalho, *O capital*, no qual o filósofo realiza minuciosa análise sobre o capital. Na introdução desse consagrado material, apresenta *A contribuição à crítica da economia política*.

Para Marx, a compreensão do capitalismo como sistema de produção somente se daria por intermédio da compreensão de sua estrutura interna. A ideia fundamental de *A contribuição à crítica da economia política* é a explicação da mais-valia, ou seja, do valor não pago ao trabalhador pelo trabalho excedente.

Portanto, a industrialização e a introdução da maquinaria no processo produtivo tiveram impulso com a Revolução Industrial.

Podemos considerar que o século XIX foi o período de consolidação do modelo de produção capitalista, que ocorreu fundamentalmente pela exploração e pela degradação do trabalho ou, então, pelo estado de miséria pelo qual passava a classe operária. Contudo, no decorrer de seu crescimento, o capitalismo atravessou algumas crises, durante as quais se intensificou ainda mais o estado de depauperamento e de fome da classe trabalhadora (Shigunov Neto; Maciel, 2006).

A análise da Revolução Industrial é essencial para o entendimento da evolução do processo produtivo, das condições de trabalho e do próprio trabalhador, pois foi nesse período que ocorreram diversas transformações que tiveram impacto direto ou indireto sobre a vida da sociedade e do indivíduo. O principal acontecimento foi a divisão do trabalho no processo de produção, implicando inicialmente a perda do controle, por parte do trabalhador, do produto de seu trabalho e, posteriormente, do controle sobre o processo de trabalho.

Quando falamos em *Revolução Industrial*, a primeira imagem que nos vem à cabeça é de algodão e máquinas. Entretanto, esse evento histórico não foi apenas isso:

> A Revolução Industrial britânica não foi apenas algodão, ou Lancashire, ou mesmo tecidos, e o algodão perdeu sua supremacia passadas umas duas gerações. No entanto, o algodão deu o tom da mudança industrial e foi o esteio das primeiras regiões que não teriam existido se não fosse a industrialização e que expressaram uma nova forma de sociedade, o capitalismo industrial, baseada numa nova forma de produção, a "fábrica". (Hobsbawm, 1979, p. 53)

A Revolução Industrial caracterizou-se basicamente pela transição de uma sociedade fundamentada em uma economia agrária para outra, pautada nos princípios de uma economia capitalista e industrial. A compreensão desse fenômeno não é tão simples quanto pode parecer. Apesar de haver consenso sobre o país que o originou, a Grã-Bretanha, não há muita clareza sobre as causas que fizeram desse país o precursor do movimento. Contudo, supõem-se que foram três as condições que engendraram a revolução e a transformação no modo de produção inglês, e é importante destacarmos que todas foram essenciais, cada uma a seu modo, para a consolidação de tal processo: a importância do mercado interno, que era o maior mercado consumidor dos produtos ingleses; o mercado externo ou de exportação, que era muito mais dinâmico e seguro; e o papel do governo de impulsionar e subsidiar de forma sistemática e agressiva as exportações, que foram consideradas, com a produção têxtil de algodão, como o setor básico da industrialização britânica. O processo de urbanização e seu mercado interno propiciaram condições favoráveis para uma economia industrializada em grande escala, na medida em que a industrialização aumentava a demanda pelos produtos ingleses no ambiente interno. Desse modo, enquanto o incentivo às exportações proporcionava melhorias ao transporte marítimo, o mercado interno impulsionava o transporte terrestre. O papel do Estado foi essencial, principalmente ao incentivar e financiar a inovação técnica e o desenvolvimento das indústrias de bens de capital e de consumo.

Cronologicamente, podemos dividir a Revolução Industrial em duas fases:

1 Primeira fase – Perdurou aproximadamente entre 1750 e 1860 e baseou-se no setor têxtil; apesar de o algodão perder sua força aproximadamente duas décadas após o início do processo de industrialização, a importância dele foi evidenciada por Hobsbawm (Shigunov Neto; Maciel, 2006).

2 Segunda fase – Durou até por volta de 1945 e marcou uma nova fase do industrialismo, que proporcionou alicerces muito mais firmes para o crescimento econômico. Período baseado nas indústrias de bens de capital, no carvão, no ferro e no aço; época em que ocorreu a conhecida Grande Depressão, marcada pela intranquilidade e pela estagnação da economia britânica (Shigunov Neto; Maciel, 2006).

A Figura 1.1 apresenta de forma esquemática a Revolução Industrial e suas duas fases, além de alguns elementos históricos que lhe antecederam.

Figura 1.1 – Revolução Industrial

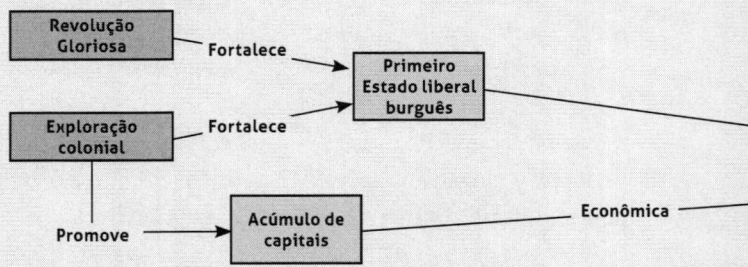

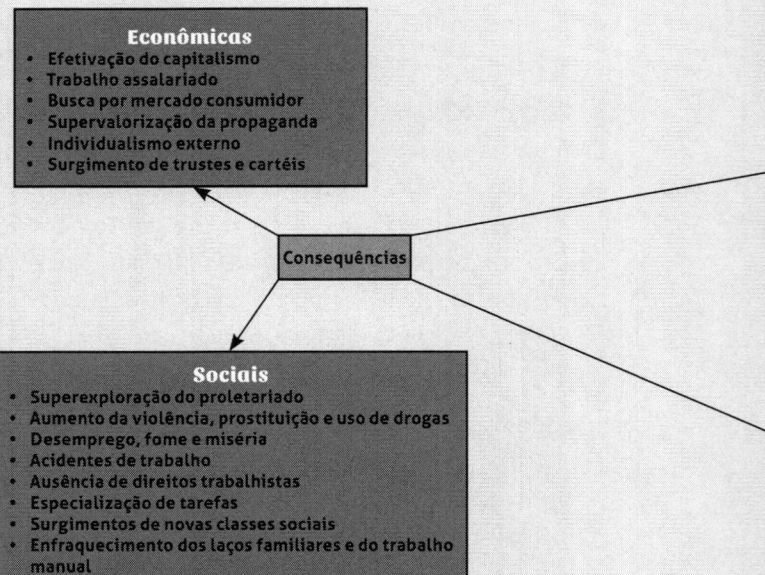

Fundamentos da gestão da qualidade

Alexandre Shigunov Neto

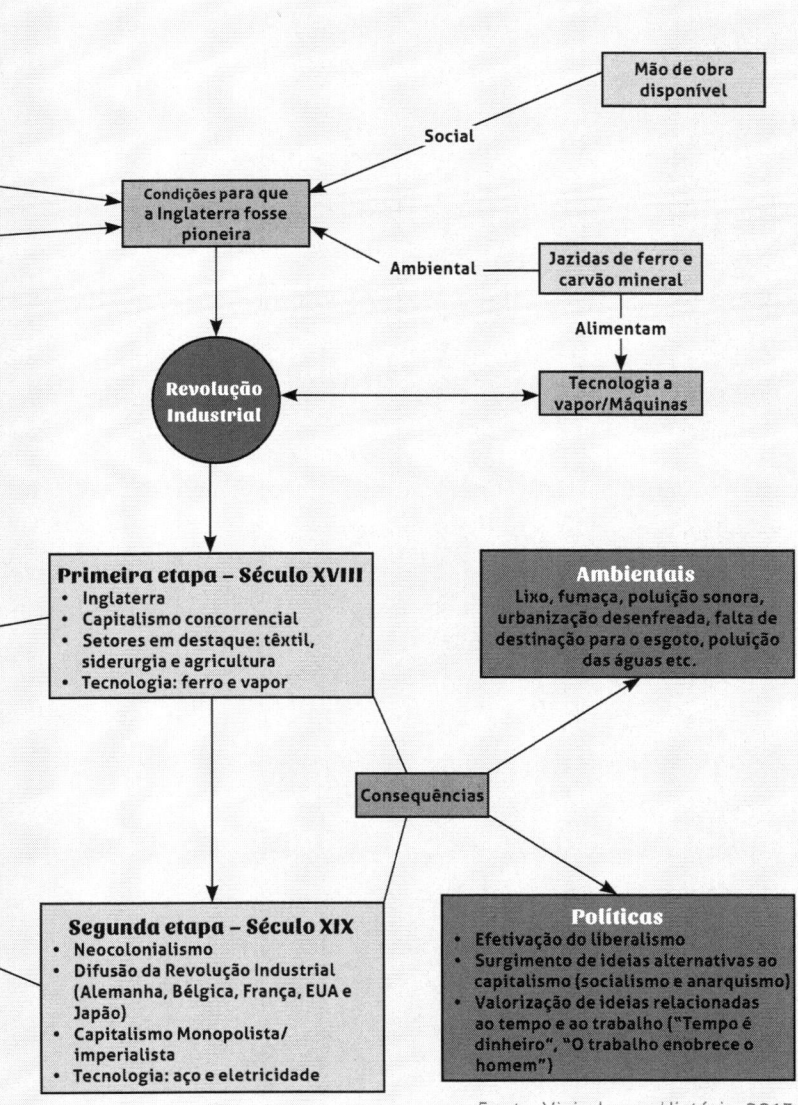

Fonte: Viciados na História, 2013.

Fique ligado!

Eric J. Hobsbawm (1917-2012) nasceu em Alexandria (Egito). Estudou em Viena, Berlim e Londres e escreveu vários livros que hoje são considerados clássicos, nos quais retrata de forma clara, objetiva e agradável a história da humanidade. Entre as obras do citado autor se destacam: *A era das revoluções*; *A era do capital*; *A era dos impérios*; *Os trabalhadores*; *Mundo dos trabalhos*; e *Era dos extremos*.

Mesmo tendo sido mais evidente na Inglaterra, a Revolução Industrial foi um fenômeno mundial, atingindo outras nações em graus diferenciados. Sua importância revelou-se fundamentalmente no fato de aquele país ter deixado de ser o precursor do movimento de industrialização, passando a ser "apenas" uma das maiores potências mundiais. Foi o fim da denominada *fase britânica de industrialização* e o início da conhecida *fase do imperialismo*.

Apesar de a Revolução Industrial ter promovido transformações importantes e sofisticadas nos processos produtivos, as mudanças iniciais foram extremamente simples (Shigunov Neto; Maciel, 2006). Ao analisarmos esse movimento desencadeado no século XVIII – mas que teve as bases fundamentadas muito antes –, é necessário destacarmos dois aspectos fundamentais:

- tal processo só ocorreu em função das necessidades evidentes e latentes da sociedade;
- a vinculação, a partir desse momento histórico, da vida humana ao trabalho assalariado (Shigunov Neto; Maciel, 2006).

O surgimento da fábrica, definida como o local onde vários trabalhadores exercem suas funções, isto é, a concentração deles em um único ambiente, representou uma transformação radical no processo de produção. Mas quais foram as principais implicações sociais e econômicas desse fato para o proletário?

Fundamentos da gestão da qualidade

Alexandre Shigunov Neto

É preciso salientarmos que as mudanças ocorridas no processo de industrialização acarretaram alterações na vida do homem como trabalhador e ser produtivo a serviço do capitalismo. Em outra palavras, a transição de uma sociedade feudal para a capitalista exigiu um novo modelo de homem e, consequentemente, de trabalhador, ao qual eram impostas novas exigências e demandados novos conhecimentos (Shigunov Neto; Maciel, 2006).

Finalizamos, assim, o primeiro tópico do primeiro capítulo, em que analisamos e compreendemos a Revolução Industrial e suas implicações para a administração. Dessa forma, podemos avançar para o próximo tópico, o surgimento da área administrativa.

1.2 O surgimento da administração

O termo *administração* tem origem em *administrationis*, palavra do latim que significa "ajuda, execução, gestão, direção" (Houaiss; Villar, 2009). Também pode ser definido, segundo o Dicionário eletrônico Houaiss de língua portuguesa (2009), como: ato de administrar; governo; direção de estabelecimento; local onde se trata de assuntos de administração pública ou particular; corpo de funcionários administrativos de uma repartição pública ou de empresa particular; ato de ministrar (sacramentos); ação de dar a tomar (medicamentos). Assim, denomina aquele que realiza um serviço a outro.

Contudo – e em razão de uma transformação radical –, a tarefa atual da administração é a de fazer com que objetivos organizacionais propostos inicialmente se tornem realizáveis e sejam alcançados por meio de quatro atividades básicas: *planejamento*, *organização*, *direção* e *controle*. Desse modo, podemos supor que a função do administrador sempre existiu; já a criação da administração remonta à fundação e à constituição das primeiras organizações, nada mais sendo do que a condução racional (eficiente e eficaz) das atividades de uma instituição, seja ela lucrativa, seja não lucrativa.

Portanto, a administração é a área do conhecimento humano que se ocupa do estudo das organizações (Shigunov Neto; Teixeira; Campos, 2005). O surgimento do campo do saber como tal é relativamente recente, remonta ao início do século XIX, com a Revolução Industrial. Entretanto, há subsídios para afirmar que conceitos e funções do que denominamos atualmente de *ciência administrativa* já eram utilizados pelos egípcios (4000 a.C.), pelos hebreus (1491 a.C.), pelos gregos (400 a.C.) e pelos romanos (175 a.C.). Dessa forma, trata-se de algo novo, ainda que características tenham origem nos primórdios da civilização (Shigunov Neto; Teixeira; Campos, 2005).

Em seu processo de desenvolvimento, a administração recebeu contribuições e influências de algumas áreas do saber (filosofia, economia, psicologia, educação, teologia e engenharia), da organização eclesiástica e da organização militar. Contudo, o principal impulso para alavancá-la foi proporcionado pela Revolução Industrial, pois, com o desenvolvimento tecnológico ocorrido a partir daquele momento histórico, surgiu uma demanda pelo estudo de maneiras eficientes e eficazes de utilizar os recursos na produção de bens para a sociedade. A ciência administrativa se tornou um dos segmentos mais importantes e férteis para os pesquisadores. Sua evolução tem ocorrido rapidamente, e seus conhecimentos, utilizados e difundidos para os mais diversos setores da sociedade (Shigunov Neto; Teixeira; Campos, 2005).

Você já deve ter ouvido falar em *administração*, *ciência administrativa*, *ciência da administração*, teoria geral da administração (TGA) ou gestão administrativa, pois são termos muito utilizados e comuns. Mas todos denominam a mesma coisa? Basicamente, sim. Mesmo na academia, os pesquisadores se apropriam deles de formas diferentes, por isso no decorrer deste livro optamos pelo termo *administração*.

Fundamentos da gestão da qualidade

Alexandre Shigunov Neto

A administração é a área de conhecimento constituída por abordagens, teorias, práticas e modelos administrativos formulados, testados e implementados ao longo de sua recente história de vida (100 anos completados em 2006). A seguir, apresentaremos uma breve análise sobre as ideias e as teorias dos principais estudiosos para que você possa compreender como a administração evoluiu no decorrer do tempo. Nesse sentido, consideramos que a inserção dos grandes nomes da ciência administrativa se torna mais fácil com a contextualização dos diferentes momentos históricos vivenciados por eles, cuja importância foi significativa (Shigunov Neto; Teixeira; Campos, 2005).

Quadro 1.1 – Processo de transformação da administração

Período histórico	Contribuição	Teórico/pesquisador
Antiguidade, Idades Média e Moderna	Filósofos	Sócrates, Platão, Aristóteles, Nicolau Maquiavel, Voltaire, Francis Bacon, René Descartes, Jean-Jacques Rousseau, Michel de Montaigne, Immanuel Kant, Thomas Hobbes, Johann Gottlieb Fichte, Étienne Bonnot de Condillac
Idades Média, Moderna e Contemporânea	Economistas	Adam Smith, John Locke, John Stuart Mill, Jean-Baptiste Say, Thomas Malthus, John Maynard Keynes, David Ricardo, John Bates Clark, Carl Menger, James Mill, Alfred Marshall, Samuel P. Newman, Alexis de Tocqueville, Benedetto Croce, Anne Robert Jacques Turgot, François Quesnay, Charles Fourier, John Kenneth Galbraith, Richard Jones, Léon Walras,

(continua)

(Quadro 1.1 – continuação)

Período histórico	Contribuição	Teórico/pesquisador
Idades Média, Moderna e Contemporânea	Economistas	Antoine Augustin Cournot, Nassau William Senior, Hermann Heinrich Gossen, William Stanley Jevons, Thorstein Veblen, William Petty, David Hume, Richard Cantillon, Edmund Burke, Friedrich van Gentz, Friedrich List, Friedrich Hayek, Ludwig von Mises, Milton Friedman, Caio Prado Júnior, Celso Furtado, Mario Henrique Simonsen e Roberto Campos
Idades Moderna e Contemporânea	Críticos do capitalismo	Karl Marx, Friedrich Engels, Antonio Gramsci, Herbert Marcuse, Paul Sweezy, Maurice Dobb, Thomas Hodgskin, John Gray, William Thompson, Harry Braverman, André Gorz, Pierre-Joseph Proudhon
Idades Moderna e Contemporânea	Empresários	James Duke, Andrew Preston, William Clark, John Davidson Rockefeller, Gustavus Franklin Swift, James Bell, Win Durant, Henry du Pont, Thomas John Watson, James Watt, Matthew Robinson Boulton
Idades Moderna e Contemporânea	Primórdios	Henry Metcalfe, Henry R. Towne, Joseph Wharton, Robert Owen, Charles Babbage, Daniel McCallum, Eli Whitney, Alfred Marshall, Charles Fourier, Henry Varnum Poor, Conde de Saint-Simon, Louis Blanc, Carl von Clausewitz, Matthew Robinson Boulton,

Fundamentos da gestão da qualidade

Alexandre Shigunov Neto

(Quadro 1.1 – continuação)

Período histórico	Contribuição	Teórico/pesquisador
Idades Moderna e Contemporânea	Primórdios	Vilfredo Pareto, George Palmer, William Stanley Jevons, Charles Dupin, Joseph Wharton, Frederick Halsey, Henry R. Towne, Daniel Defoe
Idade Contemporânea	Administração científica	Frederick Taylor, Henry Ford, Harrington Emerson, Henry Gantt, Frank Bunker Gilbreth, Lillian Moller Gilbreth, Oliver Sheldon
Idade Contemporânea	Teoria da burocracia	Max Weber, Robert Merton, Philip Selznick, Alvin Ward Gouldner, Peter Blau
Idade Contemporânea	Teoria clássica da administração	Jules Henri Fayol, Lyndall F. Urwick, Luther Halsey Gulick, Alan C. Reiley
Idade Contemporânea	Teoria das relações humanas	Abraham Maslow, Elton Mayo, Mary Parker Follett, William James, Hugo Münsterberg, John Dewey, Morris Viteles, Dale Yoder, Victor A. Thompson, William Richard Scott, Carl Rogers, Joseph Tiffin, George Caspar Homans, Roberto Dubin
Idade Contemporânea	Teoria comportamental	Herbert Simon, Chester Barnard, Douglas McGregor, Rensis Likert, Chris Argyris, Kurt Lewin, Frederick Herzberg, David McClelland, Ross Stagner, George Caspar Homans
Idade Contemporânea	Teoria estruturalista	James D. Thompson, Amitai Etzioni, Peter Blau, David R. Sills, Burton R. Clark, Jean Viet, Victor A. Thompson, William Richard Scott

(Quadro 1.1 – continuação)

Período histórico	Contribuição	Teórico/pesquisador
Idade Contemporânea	Teoria dos sistemas	Ludwig von Bertalanffy, Eric J. Miller, A. K. Rice, Daniel Katz, Robert L. Kahn, Fremont E. Kast, James Rosenzweig
Idade Contemporânea	Teoria neoclássica e administração por objetivos	Peter Drucker, George S. Odiorne, Harold Koontz, Cyril O'Donnell, Ernest Dale, Michael Jucius, Alfred P. Sloan Jr., John Humble, W. E. Schlender, William Newman, Ralph Davis, George Terry, Morris Hurley, Louis Allen
Idade Contemporânea	Teoria do Desenvolvimento Organizacional	Leland Bradford, Edgar Schein, Warren G. Bennis, Richard E. Walton, Paul R. Lawrence, Jay Lorsch
Idade Contemporânea	Teoria da Contingência	John Woodward, Tom Burns, G. M. Stalker, Paul Lawrence, Jay Lorsch
Idade Contemporânea	Administração contemporânea	Michael Porter, Peter Drucker, Warren Bennis, David Hampton, Henry Mintzberg, Igor Ansoff, Stephen P. Robbins, Philip Kotler, Victor H. Vroom
Idade Contemporânea	Gestão da qualidade	Armand Feigenbaum, Genichi Taguchi, G. S. Radford, Joseph Moses Juran, Kaoru Ishikawa, Philip Crosby, Walter A. Shewhart, William Edwards Deming
Idade Contemporânea	Reengenharia	Michael Hammer, James A. Champy, Thomas H. Davenport
Idade Contemporânea	Administração no Brasil	Adalberto Americo Fischmann, Allan Claudius Queiroz Barbosa, Alex Coltro, Alexandre Assaf Neto, Alexandre Luzzi Las Casas, Ana Akemi Ikeda,

Fundamentos da gestão da qualidade

Alexandre Shigunov Neto

(Quadro 1.1 – continuação)

Período histórico	Contribuição	Teórico/pesquisador
Idade Contemporânea	Administração no Brasil	Ana Cristina Limongi-França, André Luiz Fischer, Antonio Carlos Giuliani, Antonio Cesar Amaru Maximiano, Antônio Roberto Ramos Nogueira, Antonio Virgílio Bittencourt Bastos, Antonio Zoratto Sanvicente, Belmiro Valverde Jobim Castor, Carlos Osmar Bertero, Carmem Lígia Iochins Grisci, Cecília Whitaker Bergamini, Cleber Pinheiro de Aquino, Clóvis L. Machado-da-Silva, Cristina Amélia Pereira de Carvalho, Déborah Moraes Zouain, Djalma de Pinho Rebouças Oliveira, Eda Castro Lucas de Souza, Eunice Lacava Kwasnicka, Edi Madalena Fracasso, Edson Pacheco Paladini, Eduardo Pinheiro Gondim de Vasconcellos, Fábio Frezatti, Fernando Antonio Prado Gimenez, Fernando Bins Luce, Fernando Cláudio Prestes Motta, Fernando de Souza Meirelles, Flávio Carvalho de Vasconcelos, Geraldo Caravantes, Idalberto Chiavenato, Jacques Marcovitch, João Bosco Lodi, João Mario Csillag, Joel Souza Dutra, José Carlos Zanelli, José Henrique de Faria, José Matias Pereira, Luciano Antonio Prates Junqueira, Luiz Carlos Bresser Pereira, Manuel S. B. Alvarez, Marco Aurélio P. Dias, Maria Cecília Coutinho de Arruda, Maria José Tonelli, Marcelo Milano Falcão Vieira, Maria Diva da Salete Lucena, Maria Tereza Leme Fleury, Marilou Manzini Covre,

(Quadro 1.1 – conclusão)

Período histórico	Contribuição	Teórico/pesquisador
Idade Contemporânea	Administração no Brasil	Maurício Tragtenberg, Marcos Henrique Nogueira Cobra, Miguel Pinto Caldas, Nério Amboni, Norberto Hoppen, Paulo Fernando Fleury da Silva e Souza, Paulo Roberto de Mendonça Motta, Reinaldo O. da Silva, Ricardo Pereira Câmara Leal, Roberto Coda, Rosa Maria Fischer, Rui Otávio Bernardes de Andrade, Sergio Bulgacov, Sylvia Constant Vergara, Suzana Braga Rodrigues, Tânia Maria Diederichs Fischer, Tomás de Aquino Guimarães, Thomaz Wood Jr., Vicente Falconi Campos
Idade Contemporânea	Administração estratégica	Kenneth R. Andrews, C. Roland Christensen, Alfred D. Chandler, Alfred P. Sloan Jr., Pierre du Pont, Peter Drucker, Igor Ansoff, Philip Selznick, Gary Hamel, C. K. Prahalad, Michael Porter, Tom Peters, Robert Kaplan, David Norton, Peter Certo, Henry Mintzberg

Fonte: Adaptado de Shigunov, Teixeira e Campos, 2005.

Como vimos, a administração, apesar de ser uma área de conhecimento relativamente nova, já apresenta uma gama considerável de teorias e estudiosos. Com certeza são termos e nomes dos quais você já deve ter ouvido falar (Shigunov Neto; Gomes, 2015).

Peter Drucker (1969, p. 17) define a administração da seguinte forma:

Fundamentos da gestão da qualidade

Alexandre Shigunov Neto

Administração, que é o órgão da sociedade especificamente encarregado de tornar produtivos os recursos, isto é, que tem sobre si a responsabilidade do progresso econômico organizado, reflete portanto o espírito fundamental da era moderna. Ela é, de fato, indispensável – e isto explica por que, uma vez gerada, cresceu com tanta rapidez e tão pouca oposição.

Fique ligado!

Peter Ferdinand Drucker (1909-2005) nasceu em Viena (Áustria). Formou-se em Direito, obteve o título de doutor em Direito Público e Internacional em Frankfurt (Alemanha) e foi jornalista econômico. No fim da década de 1930, mudou-se para os Estados Unidos, onde atuou como jornalista e economista de um grupo de bancos e financeiras. Durante a Segunda Guerra Mundial, realizou estudos para a General Motors. Escreveu e publicou centenas de artigos científicos em revistas acadêmicas e científicas.

Drucker é autor de mais de 30 livros, sendo os principais: *A nova sociedade: anatomia do sistema industrial*; *Prática da administração de empresas*; *Administração lucrativa*; e *O gerente eficaz*. O estudioso austríaco é considerado o "pai da administração" e uma referência para todos os profissionais da área e organizações.

Existem várias definições de *administração* e do processo administrativo ou das funções da administração. No entanto, o primeiro estudioso a formular as funções administrativas foi Henri Fayol.

Na Figura 1.2, apresentamos o processo de transformação da ciência administrativa conforme os momentos históricos de cada uma das teorias e de seus respectivos estudiosos e teóricos.

Figura 1.2 – Linha imaginária do processo de transformação da ciência administrativa

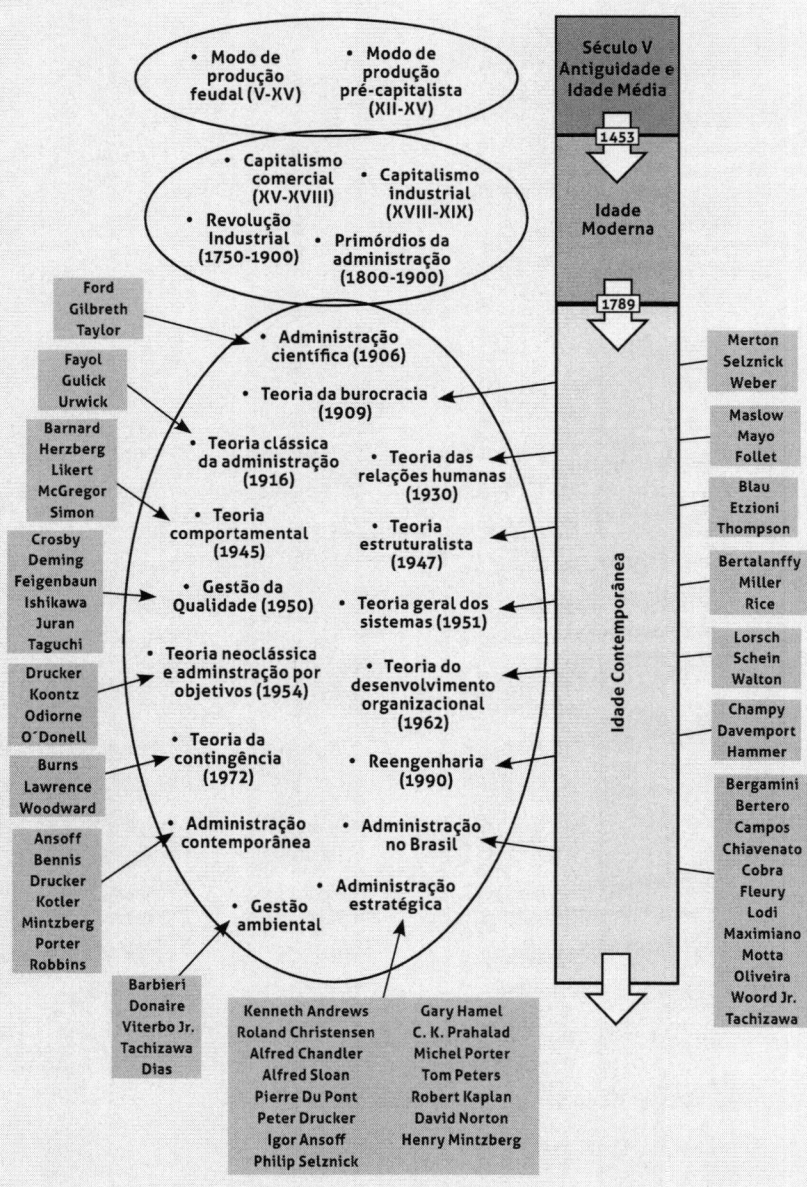

Fonte: Adaptado de Shigunov Neto; Campos; Shigunov, 2009.

Fundamentos da gestão da qualidade

Alexandre Shigunov Neto

A administração é constituída por estudos, teorias e pesquisas de diversas áreas do saber que são compartilhados e geram os conhecimentos sobre o funcionamento das organizações. Citamos a seguir algumas das áreas da administração:

- **A**dministração Pública;
- **A**dministração de sistemas de informação;
- **A**dministração da produção;
- **A**dministração de *marketing*;
- **A**dministração de material;
- **A**dministração financeira;
- **G**estão de pessoas;
- **G**estão de serviços;
- **G**estão de vendas;
- **G**estão ambiental;
- **L**ogística;
- **A**dministração estratégica, estratégia ou gestão estratégica;
- **E**mpreendedorismo;
- **G**estão da qualidade.

Para a análise das organizações, a administração utiliza como parâmetros as quatro variáveis que a constituem: **pessoas**, **estruturas**, **tecnologia** e **ambiente**. Importa ressaltarmos que, apesar de essas variáveis serem utilizadas como objeto de estudo de cada teoria, não são exclusivas na análise, pois as demais também fazem parte do processo de análise organizacional.

Portanto, podemos concluir que somente a partir do século XX começou a haver uma preocupação com a qualidade, pois até então o foco era apenas a produtividade. Essa mudança de abordagem só foi possível graças às transformações ocorridas em todos os níveis (econômico, social, político e cultural) da sociedade contemporânea. Na primeira fase, a ciência administrativa voltou-se para a produção em massa a fim de atender às necessidades gerais de uma população crescente; em um segundo momento, porém, a atenção foi direcionada para a qualidade e a satisfação das demandas específicas e individuais de uma pequena parcela da sociedade que exigia produtos diferenciados, não mais padronizados.

Agora que já analisamos e compreendemos o surgimento da administração, podemos avançar para o próximo tópico, que trata dos aspectos históricos da Qualidade Total.

Para saber mais

Caso queira obter mais informações sobre a administração, vale a pena pesquisar os seguintes livros:

CHIAVENATO, I. **Administração nos novos tempos**. 2. ed. rev. e atual. Rio de Janeiro: Campus, 2004.

DAFT, R. L. **Administração**. São Paulo: Cengage Learning, 2010.

MAXIMIANO, A. C. A. **Teoria geral da administração**: da revolução urbana à revolução digital. 5. ed. rev. e atual. São Paulo: Atlas, 2005.

OLIVEIRA, D. de P. R. de. **História da administração**: como entender as origens, as aplicações e as evoluções da administração. São Paulo: Atlas, 2012.

OLIVEIRA, D. de P. R. de. **Introdução à administração**: teoria e prática. São Paulo: Atlas, 2008.

OLIVEIRA, D. de P. R. de. **Teoria geral da administração**: uma abordagem prática. 3. ed. São Paulo: Atlas, 2012.

SHIGUNOV NETO, A.; TEIXEIRA, A. A.; CAMPOS, L. M. F. **Fundamentos da ciência administrativa**. Rio de Janeiro: Ciência Moderna, 2005.

SILVA, R. O. da. **Teorias da administração**. São Paulo: Pioneira Thomson Learning, 2002.

Fundamentos da gestão da qualidade

Alexandre Shigunov Neto

1.3 Aspectos históricos da Qualidade Total

O conceito de *qualidade* existe há milhares de anos, o que nos permite admitir que remonta aos primórdios da humanidade. Em outras palavras, sua origem se deu com o início da civilização humana. Porém, a qualidade como forma de gestão administrativa é relativamente nova, pois surgiu na década de 1920, com a inserção desse novo conceito na produção industrial como uma tentativa de reduzir defeitos nos produtos, ou seja, realizar a inspeção técnica para verificar as especificações daquilo que era fabricado. Assim, foram implementados mecanismos de controle estatístico de qualidade, cujo objetivo único e exclusivo era o de certificar que os produtos se encontravam dentro dos padrões predeterminados.

Desde o passado mais remoto, o ser humano aprendeu a buscar a qualidade como forma de garantir a sobrevivência por mais tempo com segurança e conforto. Joseph Moses Juran (1990) afirma que as necessidades pela qualidade existem desde o início da história da humanidade. Outro autor que faz reflexões acerca do surgimento do tema é Paladini (2012), que afirma que essa preocupação remonta à Antiguidade, embora não houvesse, nesse período, uma noção muito clara do que se tratava. David Garvin (1992) entende que a qualidade é conhecida, como conceito, há milênios, porém só recentemente surgiu como função de gerência formal.

1.3.1 A Qualidade Total no Japão

A Segunda Guerra Mundial (1939-1945) devastou praticamente todo o território japonês, especificamente a indústria local, de forma que os produtos oriundos daquele país foram tachados como de má qualidade por longo período. Todavia, ao se apropriarem dos conhecimentos produzidos por Juran e William Edwards Deming, os japoneses conseguiram reverter a situação. A façanha deveu-se ao fato de terem sido bem-sucedidos na tarefa de absorver e (re)adaptar os conhecimentos gerados nos países ocidentais industrializados para as realidades social, econômica, política e cultural do país.

Fato curioso e que merece destaque refere-se ao quase completo desconhecimento dos ideais e dos conhecimentos de Deming e Juran nos Estados Unidos da América (EUA) até o início dos anos de 1980. Até então, os grandes precursores e teóricos da qualidade eram reverenciados e idolatrados apenas no Japão. Foram quase três décadas de absoluto esquecimento e indiferença para com os conceitos pregados por ambos os estudiosos.

Richard Schonberger (1984, p. 8-9) apresenta da seguinte forma esse processo de divulgação do controle da qualidade no Japão:

> Conscientizar-se, organizar-se e implantar as técnicas ocidentais para controlar a qualidade (especialmente as da amostragem estatística) constituíram o cerne dos primeiros 15 anos da campanha que se lançou no país inteiro em prol do controle da qualidade. Hoje, após muitos anos de amplas iniciativas desse tipo (sempre alcançando a totalidade das empresas), o controle da qualidade implantado no Japão abrange praticamente todas as ideias e métodos conhecidos no Ocidente e muito mais coisas. O controle da qualidade total lá praticado destaca os seguintes pontos em especial: 1) a meta de aprimorar continuamente a qualidade dos produtos, projeto após projeto (equivale a rejeitar a ideia ocidental de um "nível aceitável de qualidade"); 2) a responsabilidade do trabalhador (e não do departamento de CQ); 3) o controle da qualidade em todos os processos de fabricação, sem se limitar a examinar amostras só de determinados processos (equivale à prevenção dos defeitos e não

Fundamentos da gestão da qualidade

Alexandre Shigunov Neto

> à sua descoberta ocasional); 4) o emprego, para medir a qualidade, de aferições visíveis, visuais, simples e fáceis de entender até por observadores casuais; 5) o emprego de dispositivos (construídos na própria empresa) que automaticamente meçam a qualidade.

O ano de 1949 foi importante para o desenvolvimento dos estudos e das pesquisas sobre a qualidade, especialmente no Japão, pois a União dos Cientistas e Engenheiros Japoneses (Ucej) criou o Grupo de Pesquisas para o Controle da Qualidade e a Associação Japonesa de Padrões (AJP), que passou a promover intensamente eventos (palestras, seminários, congressos e cursos) acerca da temática.

Schonberger (1984) defende que houve dois fatores ambientais e culturais favoráveis ao grande desenvolvimento da qualidade no Japão e que não tiveram o mesmo impacto nos países industrializados do Ocidente: o hábito do povo japonês de evitar o desperdício de recursos escassos; e a convicção de que a responsabilidade pela qualidade dos produtos está diretamente relacionada ao local onde eles foram produzidos.

Podemos supor que os princípios de qualidade, que surgiram inicialmente nos EUA e depois se difundiram pelo Japão, foram propostas econômicas de melhoria do sistema de produção capitalista que visavam ampliar os mercados consumidores dos países desenvolvidos, reduzir custos e aumentar a produtividade (Shigunov Neto; Campos, 2004).

É possível levantar alguns questionamentos, tais como: Quem usufrui desses benefícios? A redução dos custos e a melhoria dos produtos reduzirão os valores para os consumidores finais? É viável afirmar que essas são mais algumas estratégias de dominação dos países desenvolvidos? Os resultados sociais produzidos por essas técnicas de qualidade beneficiam a sociedade como um todo?

> Até a primeira metade do século passado, a prática de gestão da qualidade era voltada para a inspeção e controle dos resultados dos processos de fabricação, para garantir a conformidade dos

resultados com as especificações. Portanto, limitada ao processo de fabricação. Entretanto, nas últimas décadas, a gestão da qualidade ganhou uma nova dimensão, expandindo-se para as etapas mais a montante e a jusante do ciclo de produção, envolvendo toda a organização. Contribuiu para isso o trabalho pioneiro de Juran, que, tendo reformulado o conceito de qualidade, percebeu que a adequação do produto ao uso dependia de várias atividades (chamadas por ele de função qualidade) ao longo do ciclo produtivo de um produto, que se realizadas levariam ao que se chamou de espiral do progresso. Uma contribuição similar foi dada por Feigenbaum (1991), que, em 1951, em seu livro célebre *Controle da qualidade total*, definiu as atividades de controle da qualidade como: controle de projeto; controle de material recebido; controle de produto; estudo de processos especiais. (Carpinetti; Gerolamo; Miguel, 2010, p. 7)

1.3.2
Fases históricas da qualidade

Shigunov Neto e Campos (2004) afirmam que didaticamente é possível dividir a qualidade em cinco momentos históricos distintos e complementares:

- **P**rimeira fase – Década de 1920 – Inspeção dos produtos
- **S**egunda fase – Década de 1930 – Controle da qualidade
- **T**erceira fase – Década de 1950 – Garantia da qualidade total
- **Q**uarta fase – Década de 1980 – Gestão da Qualidade
- **Q**uinta fase – Ddécada de 1990 – Gestão estratégica da qualidade

A Figura 1.3 apresenta as fases da qualidade em uma linha do tempo e também sinaliza o grau de evolução desses períodos.

Fundamentos da gestão da qualidade

Alexandre Shigunov Neto

Figura 1.3 – Fases da qualidade

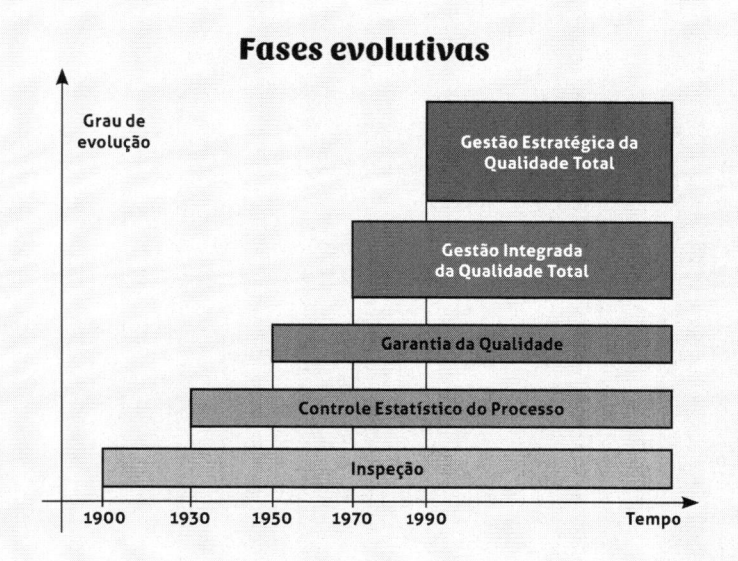

Fases evolutivas

Grau de evolução

- Inspeção
- Controle Estatístico do Processo
- Garantia da Qualidade
- Gestão Integrada da Qualidade Total
- Gestão Estratégica da Qualidade Total

1900　1930　1950　1970　1990　Tempo

Fonte: Alamo, 2015.

Nas fases da Inspeção e do Controle da Qualidade, a ênfase se dava na qualidade dos produtos ou serviços. Em um segundo momento, marcado pela terceira e quarta fases, o foco da abordagem se deslocou para o sistema da qualidade. Diferentemente do que ocorria nas duas primeiras etapas – em que a qualidade se restringia ao produto ou serviço e estava sob a responsabilidade apenas do Departamento da Qualidade –, na terceira e quarta fases, a responsabilidade passou a ser de todos os funcionários e departamentos da organização (Shigunov Neto; Campos, 2004).

A primeira fase teve início em 1920, nos EUA. Nesse momento histórico, a inspeção formal de produtos fazia-se necessária pelo desenvolvimento da produção em massa e pela urgência de produção de peças intercambiáveis requeridas no processo produtivo. A obra que impulsionou os conceitos de inspeção na Qualidade Total foi publicada em 1922 por G. S. Radford sob o título *The Control of Quality in Manufacturing*. Portanto, c conceito de *qualidade* inserido na ciência administrativa foi primeiramente associado à definição de conformidade às especificações, as quais eram cefinidas por uma diretoria ou gerência e seguidas sem questionamentos pelos demais colaboradores. Nessa etapa, a ênfase recaía sobre a qualidade dos produtos ou serviços, motivo pelo qual eles eram verificados um a um. A inspeção encontrava os defeitos, mas não produzia necessariamente qualidade, pois a preocupação era única e exclusivamente com a eliminação das falhas e com os defeitos de produção (Shigunov Neto; Campos, 2004).

Fique ligado!

Peças intercambiáveis são aquelas que servem para vários conjuntos de produtos.

A segunda fase, denominada *Controle da Qualidade*, teve impulso na década de 1930, com a implementação de técnicas de controle estatístico da qualidade. A obra que pela primeira vez conferiu caráter científico aos aspectos do controle da qualidade foi publicada em 1931, por Walter A. Shewhart, intitulada *Economic Control of Quality of Manufactured Product*. Shewhart era funcionário da Bell Telephone Laboratories e vinha desenvolvendo pesquisas sobre os problemas da qualidade (Shigunov Neto; Campos, 2004).

A grande preocupação nessa fase se dava no controle estatístico da qualidade, e o grande nome dos estudos relacionados ao tema foi o de Shewhart, que contribuiu de forma significativa com a formulação de técnicas estatísticas que resultaram no **gráfico de controle do processo**. A verificação e a inspeção dos produtos deixaram de ser individualizadas e passaram a obedecer a um processo de amostragem, uma verificação dos produtos por lotes de produção. A ênfase da qualidade se dava na localização dos defeitos, igualmente como ocorria na fase anterior (Shigunov Neto; Campos, 2004).

Fundamentos da gestão da qualidade

Alexandre Shigunov Neto

Fique ligado!

A Western Electric, empresa responsável pelo processo produtivo do grupo Bell Telephone Laboratories, criou em 1924 o Departamento de Engenharia e Inspeção, que, posteriormente, transformou-se em Departamento de Garantia da Qualidade.

Mas, afinal, o que é *controle da qualidade*? São todas as técnicas e atividades operacionais utilizadas para atender aos requisitos da qualidade.

A terceira fase da qualidade, denominada *Garantia da Qualidade Total* ou Controle Total da Qualidade, ganhou consistência a partir de 1950, principalmente com a publicação do livro de J. Juran intitulado *Quality Control Handbook*. Nesse período, a preocupação deixou de ser com o controle estatístico da qualidade e passou a se concentrar na prevenção dos problemas da qualidade. Dessa forma, a abordagem foi expandida de modo que os instrumentos de controle pudessem regular todo o processo produtivo. O controle estatístico da qualidade passou a ser apenas um dos elementos de garantia da qualidade, e não mais o principal, como ocorria na fase anterior. Os principais instrumentos criados foram: quantificação dos custos da qualidade, controle total da qualidade, engenharia da confiabilidade e zero defeito.

Foi a partir de 1950 que se iniciou a preocupação com a quantificação dos custos da qualidade, e foi Juran quem apresentou pela primeira vez um estudo sobre a questão. Dividiram-se os custos para alcançar a qualidade em:

- **Evitáveis** – Aqueles referentes aos defeitos e às falhas dos produtos, tais como material de refugo, horas de reparo e (re)produção e reclamações.
- **Inevitáveis** – Que correspondem à prevenção, como inspeção, amostragem e classificação, entre outras medidas que visem ao alcance da qualidade.

O conceito de *Controle Total da Qualidade* surgiu em 1956 com Armand Feigenbaum, que defendeu que a responsabilidade pela qualidade é das pessoas que executam o trabalho. Paralelamente aos estudos de Feigenbaum e de Juran, surgiu uma nova proposta inspirada nas pesquisas de A. W. Boehm e Thomas A. Budne, a engenharia da confiabilidade. Embasada na teoria das probabilidades e na estatística, essa proposição visava garantir um desempenho aceitável do produto, ou seja, pretendia prevenir a ocorrência de defeitos e obter a qualidade durante todo o processo do projeto. Por fim, em 1962, surgiu a última inovação da fase da Garantia da Qualidade, o zero defeito, que preconizava uma atenção especial ao gerenciamento e às relações humanas presentes na garantia da qualidade (Shigunov Neto; Campos, 2004).

Nas palavras de Carpinetti, Gerolamo e Miguel (2010, p. 8):

> O desempenho da indústria japonesa tornou-se um claro exemplo de como a satisfação dos clientes quanto à qualidade do produto poderia ser usada como instrumento de vantagem competitiva e acabou impulsionando um movimento de gestão da qualidade como estratégia competitiva. A lógica de raciocínio é simples: para oferecer produtos ou serviços melhores ou diferentes do que a concorrência oferece é preciso investir em melhorias do produto ou serviço de forma a torná-lo mais atrativo; como certamente a concorrência logo percebe esse movimento de mudança, e tenta fazer o mesmo, o processo de melhoria contínua acaba se tornando algo inevitável; como a melhoria de produtos é resultante da melhoria dos processos e de aspectos-chave da qualidade, por consequência, a melhoria contínua de produtos ou serviços implica necessariamente na melhoria contínua dos processos produtivos.

Como poderíamos conceituar *Garantia da Qualidade*? Como o conjunto de atividades planejadas e sistematizadas que são implementadas no sistema da qualidade e que devem ser demonstradas como necessárias e fundamentais para a obtenção dos objetivos organizacionais (Shigunov Neto; Campos, 2004).

Fundamentos da gestão da qualidade

Alexandre Shigunov Neto

A quarta fase, denominada *Gestão da Qualidade*, surgiu em meados da década de 1980 e tem como principal preocupação o gerenciamento eficaz e eficiente da qualidade. Além de levar em conta as especificações, incutiu-se a visão de satisfação do cliente, isto é, não mais bastava que a empresa seguisse as próprias regras: ela devia considerar também o que o mercado consumidor esperava. Obviamente, a satisfação do cliente não resulta apenas do grau de conformidade com as especificações técnicas, mas também de fatores como prazo e pontualidade de entrega, condições de pagamento, atendimento pré e pós-venda, flexibilidade e outros (Shigunov Neto; Campos, 2004).

Stuart Crainer (2000) afirma que o *boom* da qualidade se deu principalmente no início da década de 1980, quando foi vista como uma ferramenta administrativa que poderia salvar as empresas de todos os males e problemas.

Mas o que é *gestão da qualidade*? São as atividades da função gerencial que determina a política da qualidade, os objetivos, as responsabilidades e as coloca em prática por intermédio do sistema da qualidade, do planejamento da qualidade, do controle da qualidade, da garantia da qualidade e da melhoria da qualidade (Shigunov Neto; Campos, 2004).

A quinta e última fase, até o momento – pois podem e devem surgir outras –, é denominada *Gestão Estratégica da Qualidade*. A ênfase passa do controle do produto para o controle sobre o processo produtivo, de modo que toda a empresa esteja envolvida e comprometida com os objetivos da qualidade, em específico, e os da organização, em geral. Dessa forma, a responsabilidade não é mais de um único setor e sob a direção de um grupo de pessoas, mas sim de todos os setores e funcionários. Nas duas primeiras fases, a ênfase recaía sobre a localização dos defeitos, ao passo que agora procura-se preveni-los. Assim, a qualidade é assegurada pelo modelo de gestão adotado e utilizado (Shigunov Neto; Campos, 2004).

Paralelamente a essa transformação do conceito de *qualidade*, surgiu a visão de que essa ferramenta era fundamental no posicionamento estratégico da empresa perante o mercado, transformando-se em vantagem competitiva. A corporação que soubesse fazer bom uso e propagar que suas técnicas de produção e atendimento ao cliente eram exemplares e seguisse especificações previamente determinadas estava predestinada ao sucesso (Shigunov Neto; Campos, 2004).

Atualmente, entretanto, não basta apenas que a organização disponha de sistemas de controle da qualidade e padrões definidos para seus processos (tanto aqueles relacionados à produção de bens tangíveis quanto às operações de serviços), nem que vá ao encontro dos desejos e das necessidades dos clientes. A qualidade deve ser representativa em sua comunidade, satisfazendo a toda sua rede de contatos (fornecedores, governo, acionistas, investidores etc.) e buscando a excelência organizacional por meio da Qualidade Total.

Garvin (1992) identificou essa transformação por intermédio de quatro "eras da qualidade" distintas, apresentadas no Quadro 1.2: Inspeção, Controle Estatístico da Qualidade, Garantia da Qualidade e Gerenciamento Estratégico da Qualidade.

Quadro 1.2 – Etapas do movimento da qualidade segundo Garvin

Identificação de características	Inspeção
Preocupação básica	Verificação
Visão da qualidade	Um problema a ser resolvido
Ênfase	Uniformidade do produto
Métodos	Instrumento de medição
Papel dos profissionais da qualidade	Inspeção, classificação, contagem e avaliação
Responsável pela qualidade	Departamento de inspeção
Orientação e abordagem	"Inspeciona" a qualidade

(continua)

(Quadro 1.2 – conclusão)

Controle Estatístico da Qualidade	Garantia da Qualidade	Gerenciamento Estratégico da Qualidade
Controle	Coordenação	Impacto estratégico
Um problema a ser resolvido	Um problema a ser resolvido, mas enfrentado proativamente	Uma oportunidade de concorrência
Uniformidade do produto com menos inspeção	Toda a cadeia de produção, desde o projeto até o mercado, e a contribuição de todos os grupos funcionais para impedir falhas de qualidade	As necessidades de mercado e do consumidor
Instrumentos e técnicas estatísticas	Programas e sistemas	Planejamento estratégico, estabelecimento de objetivos e mobilização da organização
Solução de problemas e aplicação de métodos estatísticos	Mensuração e planejamento da qualidade e projeto de programas	Estabelecimento de objetivos, educação e treinamento, trabalho consultivo com outros departamentos e delineamento de programas
Departamentos de produção e engenharia	Todos os departamentos, embora a alta gerência só se envolva perifericamente com o projeto, o planejamento e a execução das políticas da qualidade	Todos na empresa, com a alta gerência exercendo forte liderança
"Controla" a qualidade	"Constrói" a qualidade	"Gerencia" a qualidade

Fonte: Garvin, 1992.

Portanto, podemos concluir que a qualidade como modelo de gestão administrativa transformou-se ao longo da recente história da ciência administrativa, adequando-se dessa forma às exigências do mercado. Obviamente, continuará a se modificar nos anos vindouros para atender às exigências de uma sociedade em mudança e que consequentemente altera e amplia as necessidades humanas.

Assim, finalizamos a análise dos aspectos históricos da Qualidade Total e das fases da gestão da qualidade. Podemos avançar para o próximo passo, que será a análise do conceito de *qualidade*.

Para saber mais

Caso você queira obter mais informações sobre os aspectos históricos da Qualidade Total, vale a pena pesquisar os seguintes livros:

BROCKA, B. M.; BROCKA, M. S. **Gerenciamento da qualidade**. São Paulo: Makron Books, 1994.

CROSBY, P. B. **Qualidade é investimento**. 3. ed. Rio de Janeiro: J. Olympio, 1988.

DEMING, W. E. **Qualidade**: a revolução da administração. Rio de Janeiro: M. Saraiva, 1990.

DRUMMOND, H. **Movimento pela qualidade**: de que o gerenciamento de qualidade total realmente se trata. São Paulo: Littera Mundi, 1998.

FEIGENBAUM, A. V. **Total Quality Control**. New York: McGraw-Hill, 1983.

GARVIN, D. A. **Gerenciando a qualidade**: a visão estratégica e competitiva. Rio de Janeiro: Qualitymark, 1992.

ISHIKAWA, K. **Controle de qualidade total**: à maneira japonesa. 3. ed. Rio de Janeiro: Campus, 1993.

JURAN, J. M. **Juran planejando para a qualidade**. São Paulo: Pioneira, 1990.

Fundamentos da gestão da qualidade

Alexandre Shigunov Neto

OAKLAND, J. S. **Gerenciamento da qualidade total**. São Paulo: Nobel, 1994.

PALADINI, E. P. **Gestão da qualidade**: teoria e prática. 3. ed. São Paulo: Atlas, 2012.

SCHONBERGER, R. J. **Técnicas industriais japonesas**: nove lições ocultas sobre simplicidade. 2. ed. São Paulo: Pioneira, 1984.

SHIOZAWA, R. S. C. **Qualidade no atendimento e técnica da informação**. São Paulo, Atlas, 1993.

TAGUCHI, G. **Engenharia da qualidade em sistemas de produção**. São Paulo: McGraw-Hill, 1990.

1.4 Conceito de *qualidade*

Como podemos definir *qualidade*? Esse termo tem um significado para cada indivíduo. Uma pessoa que dispõe de pouco tempo para ser atendida na prestação de determinado serviço vai considerá-lo de qualidade quando tiver suas necessidades atendidas no menos tempo possível; por outro lado, um cliente prefere uma forma mais pessoal e não se preocupa com o tempo vai avaliar um serviço rápido como sem qualidade, pois não atendeu às suas expectativas (Shigunov Neto; Campos, 2004).

Da mesma forma, podemos enquadrar a qualidade de um produto de acordo com a expectativa de cada indivíduo. O desempenho de um computador para um *designer* gráfico terá maior relevância do que para uma pessoa que apenas trabalha com processador de texto. O mesmo produto gera duas visões distintas quanto à qualidade, dependendo da adequação à necessidade do consumidor/usuário.

Qualidade vem do latim *qualitas, qualitatis* e significa propriedade, característica, atributo ou condição das coisas ou das pessoas capaz de distingui-las das outras e de lhes determinar a natureza (Houaiss; Villar, 2009). Em uma escala de valores, a qualidade permite avaliar e consequentemente aprovar, aceitar ou recusar qualquer coisa. É disposição moral ou intelectual das pessoas; uma das categorias fundamentais do pensamento: maneira de ser que se afirma ou se nega uma coisa; aspecto sensível, e que não pode ser medido, das coisas. Assim, apesar da evolução do conceito e das inúmeras definições que surgiram no decorrer do tempo, os princípios pregados na atualidade mantêm suas origens. Portanto, a importância da qualidade advém da própria experiência do homem (Shigunov Neto; Campos, 2004).

De acordo com Carpinetti, Gerolamo e Miguel (2010, p. 5-6):

> O conceito de qualidade também evoluiu ao longo das décadas. Até o início dos anos 50, a qualidade do produto era entendida como sinônimo de perfeição técnica. Ou seja, resultado de um projeto e fabricação que conferiam perfeição técnica ao produto. A partir da década de 50, com a divulgação do trabalho de Joseph Juran (1990), Deming (1990) e Feigenbaum (1991), percebeu-se que qualidade deveria estar associada não apenas ao grau de perfeição técnica, mas também ao grau de adequação aos requisitos do cliente. Qualidade então passou a ser conceituada como satisfação do cliente quanto à satisfação do produto ao uso.

Concordamos, desse modo, com John Oakland (1994) e Caravantes, Caravantes e Bjur (1997), que afirmam que a compreensão da qualidade depende fundamentalmente da percepção de cada indivíduo. Portanto, trata-se de um conceito subjetivo:

> Qualidade é uma das palavras-chave mais difundidas junto à sociedade e também nas empresas (ao lado de palavras como produtividade, competitividade, integração etc.). No entanto, existe uma certa confusão no uso desse termo. A confusão existe devido ao

Fundamentos da gestão da qualidade

Alexandre Shigunov Neto

subjetivismo associado à qualidade e também ao uso genérico com que se emprega esse termo para representar coisas bastante distintas. Assim, para muitos, qualidade está associada a atributos intrínsecos de um bem, como desempenho técnico ou durabilidade. Sob essa perspectiva, um produto com melhor desempenho teria mais qualidade que um produto equivalente, mas com desempenho técnico inferior. Já, para outros, qualidade está associada à satisfação dos clientes quanto à adequação do produto ao uso. Ou seja, qualidade é o grau com que o produto atende satisfatoriamente às necessidades do usuário durante o uso. (Carpinetti, 2012, p. 11)

Analisando o aspecto mencionado, podemos afirmar que qualidade significa "adequação ao uso", mas somente se ele for relevante para o cliente. Essa noção de adequação ao que o cliente quer também pode ser descrita como a noção de "utilidade".

Qualidade é uma filosofia de gestão empresarial ou um modelo de gestão administrativa que visa atingir permanentemente a melhoria de produtos ou serviços oferecidos, por meio da mudança dos processos produtivos, da redução de custos, de uma transformação cultural e do envolvimento e do comprometimento dos trabalhadores. É um dos conceitos fundamentais das propostas neoliberais e tida como uma ferramenta tecnológica a serviço do capital (Shigunov Neto; Campos, 2004).

Na área empresarial, a ideia de *qualidade* foi inicialmente concebida como um conceito essencialmente tecnicista e embasado nos princípios de racionalidade do trabalho, zero defeitos, fim do retrabalho e satisfação do cliente. Entretanto, ela entra em uma nova fase de sua evolução, qual seja a de valorizar e dar ênfase a princípios supostamente humanísticos, tais como: qualidade de vida no trabalho, treinamento e desenvolvimento de pessoal e satisfação e bem-estar dos funcionários, conforme pode-se observar nas edições do Prêmio Nacional de Qualidade (PNQ) (Shigunov Neto; Campos, 2004).

Fique ligado!

O Prêmio Nacional da Qualidade (PNQ) é uma premiação que ocorre anualmente e reconhece organizações brasileiras que se destacaram na gestão da qualidade. O PNQ adota, desde sua criação, em 1992, os critérios do prêmio americano *Malcolm Baldrige National Quality Award*. A metodologia utilizada baseia-se essencialmente em categorizar oito variáveis organizacionais e atribuir uma pontuação máxima a elas:

1. liderança (100 pontos);
2. estratégias e planos (90 pontos);
3. clientes (60 pontos);
4. sociedade (60 pontos);
5. informação e conhecimentos (60 pontos);
6. pessoas (90 pontos);
7. processo (90 pontos); e
8. resultados (450 pontos).

A qualidade é uma abordagem administrativa que tem como um de seus objetivos propiciar o desenvolvimento organizacional por intermédio da melhoria contínua dos processos produtivos. Entre as variáveis analisadas, podem-se destacar: **processos produtivos**, **trabalho realizado**, **clientes**, **procedimentos e técnicas**, **controle** e **produto final** (Shigunov Neto; Campos, 2004).

Como a maioria dos conceitos aplicados e formulados na administração, a qualidade passou por diversas fases de evolução. Segundo Shiba, Graham e Walden (1997), ela pode ser considerada sob diversos prismas, difíceis de serem definidos. A evolução da TQM (*Total Quality Management*, Gestão da Qualidade Total, em português) é descrita com a explicação de alguns de seus conceitos básicos, os quatro níveis de qualidade: adequação ao padrão – avalia se o produto está adequado aos padrões estabelecidos; adequação ao uso – que consiste meio de garantir a satisfação das necessidades de mercado; adequação ao custo – equivale a alta qualidade e custo baixo; adequação à necessidade latente – significa a satisfação das necessidades do cliente antes que ele esteja consciente delas.

Luiz César Riberito Carpinetti (2012) afirma que o conceito de qualidade predominante nos últimos anos e que certamente representa a tendência futura está relacionado à satisfação dos clientes. É o mesmo que dizer que ele integra as concepções de adequação ao uso e também de conformidade com as especificações.

Campos (2014) assinala que a qualidade de um produto ou serviço está diretamente ligada à satisfação total dos consumidores. Além disso, resume que o termo qualidade significa:

- ter sempre como objetivo a satisfação total do cliente;
- considerar a qualidade no sentido amplo;
- considerar o custo e as condições de atendimento como fortes fatores da satisfação total do cliente.

Portanto, uma definição amplamente aceita atualmente é a da qualidade como a satisfação das necessidades dos consumidores.

Alguns autores que tratam do tema normalmente utilizam o termo *valor* em vez de *utilidade*. Para Marco Oliveira (1994), a palavra *valor* não é a mais apropriada, pois pressupõe que o produto ou serviço deva ser de reconhecido valor ou necessidade para o cliente. Assim, deveríamos utilizar o termo técnico "utilidade", que seria o mais correto nesse caso específico. Segundo o autor, *valor* está associado à expectativa puramente matemática de ocorrência de um fenômeno, portanto à noção de risco percebido pelo indivíduo, ao passo que a utilidade está relacionada à noção de *preferência*.

Se tomarmos como premissa o fato de que é o próprio cliente quem decide se o produto ou serviço que lhe é oferecido tem ou não tem qualidade, poderemos limitar a nossa definição. Muitas vezes, o indivíduo não está capacitado a definir o que é *qualidade*, pelo simples motivo de que seu conhecimento acerca das opções existentes é limitado; ou se trata de um novo produto, em relação ao qual o cliente não dispõe de padrões de comparação e desconhece suas expectativas acerca dele.

Voltemos ao exemplo do computador. Uma pessoa que pretende adquirir o primeiro PC sem entender nada de informática provavelmente descubra, após a aquisição do produto, que poderia ter investido o mesmo dinheiro para comprar outro modelo com mais memória, melhor assistência técnica etc. O problema é que o comprador não tinha capacidade de julgamento no momento da compra, não era ele quem deveria ter definido o que era qualidade. Portanto, nem sempre qualidade é aquilo que o cliente acha que é (Shigunov Neto; Campos, 2004).

Outro exemplo que podemos utilizar é o da telefonia celular. Quando surgiu no Brasil, não tínhamos padrão de comparação para julgar se dispúnhamos de um bom serviço, se os aparelhos tinham boa funcionalidade, enfim, se o conjunto (produto e serviço) era de qualidade. Se compararmos com os padrões atuais, o serviço oferecido na época era péssimo, os modelos de aparelho não apresentavam um décimo das opções de hoje e poucas pessoas tinham acesso ao serviço. Portanto, o que considerávamos qualidade não é o mesmo hoje (Shigunov Neto; Campos, 2004).

Por meio desses exemplos, podemos constatar que definir *qualidade* não é algo tão simples quanto parece, principalmente se a analisarmos apenas sob um enfoque. Por esse motivo, existem outras formas de avaliarmos e definirmos qualidade. Garvin (1992) listou cinco abordagens gerais com esse objetivo:

Fundamentos da gestão da qualidade

Alexandre Shigunov Neto

Abordagem transcendente – Qualidade é sinônimo de *excelência inata*. Nesses parâmetros, ela não pode ser medida com precisão, sendo reconhecida pela experiência do indivíduo que a analisa.

Abordagem baseada no produto – Qualidade é sinônimo de *maior número e melhores características que um produto apresenta*. Trata-se de uma variável precisa e mensurável que surgiu com base na literatura econômica, enfatizando a durabilidade dos produtos, o que implica que alta qualidade só pode ser obtida com alto custo.

Abordagem baseada no usuário – Qualidade é o atendimento às necessidades e às preferências do consumidor. A avaliação dos usuários em relação às especificações é o único padrão confiável.

Abordagem baseada na produção – Qualidade é sinônimo de *conformidade com as especificações*. As definições de *qualidade* estão calcadas na ideia da adequação da fabricação às exigências do projeto e de que as melhorias da qualidade, equivalentes a reduções no número de desvios, levam a menores custos.

Abordagem baseada no valor – Qualidade é o desempenho ou a conformidade a um preço ou a um custo aceitável (Shigunov Neto; Campos, 2004).

O trabalho de Garvin revela que confiar em uma única definição de *qualidade* pode causar graves problemas. Paralelamente, evidencia que quase todas as definições se enquadram em uma das cinco abordagens mencionadas. O que podemos perceber é que o foco da qualidade normalmente é direcionado para o cliente, pois ele é o principal crítico do produto ou serviço final, mesmo sem saber como ele foi projetado. Essa visão diverge da forma como dirigentes de empresas concebem, estruturam e implantam os programas de qualidade. Eles não focalizam diretamente os clientes, mas os processos de produção, mesmo que indiretamente mantenham o objetivo de conquistá-los e fidelizá-los. Desse modo, partindo do pressuposto de que *qualidade* é aquilo que o cliente percebe, desde que tenha conhecimento para julgá-la, os programas de qualidade das organizações traduzem esse objetivo em suas ações internas: procuram, além de atender às necessidades dos consumidores, proporcionar menores custos, melhores processos, maior lucratividade e satisfação entre os colaboradores.

As diferenças acerca das definições de qualidade – a que trata de indivíduos e a outra inerente às organizações, relacionada a produtos e processos – podem ser entendidas pela simples e objetiva definição de Helga Drummond (1998), segundo a qual *qualidade* é um meio para um fim. Em outras palavras, do ponto de vista dos clientes, a qualidade é concebida e determinada pelos consumidores (o fim), ao passo que na empresa esse objetivo só é alcançado mediante o estudo e a implantação da qualidade em processos e produtos (meio).

A qualidade deve ser incorporada a um produto ou serviço e requer a conjugação de esforços de todos os membros da empresa, a integração de todas as funções e recursos de que ela dispõe. Assim, as abordagens de Garvin podem servir de estímulo para a melhoria de comunicação e integração entre fornecedores, clientes e setores distintos de uma organização. Conflitos tradicionais entre as áreas de projeto (enfoque baseado no produto), produção (enfoque baseado na fabricação), *marketing* (enfoque baseado no usuário) e vendas (enfoque baseado no valor) podem ser conduzidos a um consenso desde que se tenha essa visão multifacetada da qualidade.

Para que exista uma boa comunicação e integração entre departamentos, fornecedores e clientes, a organização deve executar um planejamento da qualidade objetivando incutir em todos os envolvidos a mesma noção do trabalho a ser realizado e as medidas que devem ser comprovadas durante o processo. Apenas com o envolvimento de todos os membros participantes, o planejamento (e a própria qualidade) pode ser traduzido de acordo com os objetivos organizacionais. No Quadro 1.3 é possível identificar elementos de análise das organizações referentes à qualidade, além de perceber outras variáveis a serem levadas em conta.

Fundamentos da gestão da qualidade

Alexandre Shigunov Neto

Quadro 1.3 – Elementos de análise organizacional em relação à qualidade

É verdade que	Mas também é verdade que
Nem sempre os clientes definem, concretamente, quais são suas preferências e necessidades	Isso não quer dizer que ele não tenha preferências e necessidades (embora não as expresse claramente)
A qualidade é considerada como a falta de defeitos no produto ou no serviço prestado	A falta de defeitos não significa ter qualidade (o produto pode ter cores que um consumidor considera berrantes)
A qualidade nunca muda	O consumidor muda, e rapidamente
Qualidade é um aspecto subjetivo	O subjetivo pode refletir posições práticas (um cliente gosta mais de determinada cor de carro porque nela a sujeira aparece menos)
A qualidade identifica-se com a capacidade de fabricação	Produtos bem feitos nem sempre atendem a necessidades ou nem sempre são adequados ao uso esperado
A qualidade pode ser vista como um requisito mínimo de funcionamento	Se você faz o mínimo, qualquer pessoa pode fazer o que você faz, o que gera considerável risco para a empresa
A qualidade envolve a diversidade de opções que um produto ou um serviço pode oferecer aos clientes	É necessário que o cliente não sinta que a "qualidade" do produto reside no excesso de penduricalhos (de utilidade quase nula)
Qualidade é uma área específica	Ninguém pode omitir-se no esforço de produzir qualidade

Fonte: Paladini, 2012.

Em 1997, Geraldo R. Caravantes, Cláudia Caravantes e Wesley Bjur publicaram o livro intitulado *Administração e qualidade: a superação dos desafios*, com o objetivo de apresentar a proposta de uma "nova" teoria administrativa denominada "REAdministração". Trata-se de uma teoria abrangente, sistêmica e integradora que aproveitou os pontos positivos de duas teorias administrativas que se desenvolveram no Brasil a partir da década de 1990: a REengenharia e a Qualidade Total.

Fique ligado!

A REengenharia é uma teoria administrativa criada no início dos anos de 1990 nos EUA como uma alternativa para a superação das grandes dificuldades que enfrentavam as organizações. Seus grandes idealizadores e defensores são Michael Hammer e James Champy. Ela surgiu como uma proposta que poderia colaborar para o desempenho das organizações, mas não vingou na área empresarial e acabou caindo no esquecimento e se tornando mais um modismo empresarial.

O Quadro 1.4 apresenta um comparativo entre reengenharia e Qualidade Total, duas teorias que iniciaram sua caminhada juntas na ciência administrativa, mas que tiveram rumos opostos. A segunda avançou, transformou-se ao longo dos anos e continua a ser aplicada e pesquisada, ao passo que a primeira teve seu auge e hoje não é mais encontrada nas organizações, ficando aquém das expectativas de seus fundadores. Esse fenômeno pode ser explicado pelo fato de que o objetivo de ambas é o mesmo – a busca da excelência organizacional –, enquanto a metodologia utilizada difere: a reengenharia propõe-se atingir os objetivos por uma transformação radical e drástica, ao passo que a Qualidade Total visa a uma melhoria contínua.

Fundamentos da gestão da qualidade

Alexandre Shigunov Neto

Quadro 1.4 – Análise comparativa entre a reengenharia e a Qualidade Total

Critério	Reengenharia	Qualidade Total
Objetivo	A vantagem competitiva é obtida por meio do agrado ao cliente	Para obtenção da vantagem competitiva, a satisfação do cliente é fator fundamental, mas não exclusivo
Motivação/ Recursos humanos	Devem se ajustar às novas propostas, ao processo de mudança	Elemento fundamental para o processo de mudança
Informação/ comunicação	A informação e a tecnologia da informação são fatores importantes no processo	A excelência das comunicações é fator fundamental para o sucesso do processo
Estratégia	Questionamento dos processos com enfoque de base zero	Melhoria contínua dos processos (*Kaizen*)
Política	Em um processo revolucionário, drástico, a destruição do que existe e a implementação de algo novo, melhoria drástica e isolada	Melhoria contínua
Noção temporal	Curto prazo	Médio e longo prazos
Noção sistêmica	Técnico	Técnico e social
Estrutura	Novas estruturas	Estruturas adaptadas, melhoradas
Responsabilidade social	Ausente	Preocupação social

Fonte: Caravantes; Caravantes; Bjur, 1997.

Paladini (2012) considera alguns elementos na qualidade a serem analisados na estratégia empresarial e que estão descritos no Quadro 1.4. O autor ainda apresenta um modelo de planejamento da qualidade e afirma que ele deve satisfazer aos requisitos gerais do processo de gerenciamento da qualidade, independentemente do tipo de empresa. Tal modelo é composto de seis fases:

1 Política da qualidade – Esse procedimento é uma atribuição da alta administração da empresa. Todo o planejamento e a gestão da organização deverão necessariamente levar em conta essa política, que é o mecanismo norteador da qualidade dentro da empresa. Nessa fase são tomadas as decisões que envolvem todos os departamentos e os objetivos organizacionais.

2 Diagnóstico – Nessa etapa do modelo proposto, faz-se necessário realizar uma análise precisa de todos os recursos disponíveis (materiais, financeiros e humanos) com o intuito de verificar as potencialidades e as deficiências da empresa. A partir do momento em que são estabelecidas as diretrizes gerais, deve-se fazer um diagnóstico dos recursos à disposição, pois de nada adianta uma política da qualidade que não é condizente com a estrutura da organização.

3 Organização e administração – A terceira fase do modelo de planejamento da qualidade complementa a anterior, pois, levando-se em consideração a política da empresa, são definidos os aspectos importantes para a qualidade. Paladini (2012) define como importantes os seguintes aspectos da companhia: 1) a infraestrutura para a qualidade; 2) as atribuições do setor de qualidade; 3) a estrutura do setor da qualidade; 4) a organização de sistemas de informação específicos para a gestão da qualidade; 5) o processo gerencial da qualidade; 6) as ações de impacto externo (clientes, consumidores, concorrentes, fornecedores, meio ambiente); e 7) a alocação, a formação e a qualificação dos recursos humanos.

4 Planejamento – A antepenúltima fase envolve a estruturação do plano de ação a ser implementado, ou seja, é o momento de se providenciar os elementos fundamentais do sistema de qualidade para a implantação do modelo. Portanto, essa etapa prepara o ambiente organizacional para que a política de qualidade da empresa seja estabelecida.

5 Implantação – A penúltima etapa do modelo consiste na implantação da política de qualidade, também denominada *fase de operacionalização da política*, pois é o momento de executar as atividades previstas nos estágios anteriores. Paladini (2012) considera de fundamental importância a documentação do processo, além de ser conveniente, para o sucesso da operação, o processamento da execução em três áreas distintas: projeto, processo e produto.

6 Avaliação – A última etapa consiste nas atividades de avaliação da implantação do modelo; é a hora de verificar se o planejamento e a execução da política tiveram o êxito esperado. Nesse momento, ocorrem reuniões e as conhecidas auditorias, com o intuito de analisar detalhadamente o processo de implantação e propor ações corretivas necessárias para ajustes relativos a imperfeições e desvios ocorridos.

Portanto, o planejamento da qualidade é elemento essencial para o gerenciamento da qualidade em qualquer organização que se proponha a implantar programas de gestão da Qualidade Total.

Com a reflexão a respeito do conceito de *qualidade*, podemos avançar ao próximo tópico, no qual faremos uma análise dos grandes nomes da área e suas contribuições para a gestão desse processo e para o desempenho organizacional.

Para saber mais

Caso queira obter mais informações sobre os conceitos de qualidade, vale a pena pesquisar os seguintes livros:

BALLESTERO-ALVAREZ, M. E. **Gestão de qualidade, produção e operações**. 2. ed. São Paulo: Atlas, 2012.

BRAVO, I. **Gestão de qualidade em tempos de mudanças**. 3. ed. rev. Campinas: Alínea, 2010.

CARPINETTI, L. C. R. **Gestão de qualidade**: conceitos e técnicas. 2. ed. São Paulo: Atlas, 2012.

CARVALHO, M. M. de; PALADINI, E. P. **Gestão da qualidade**: gestão e métodos. 2. ed. Rio de Janeiro: Campus, 2012.

CIERCO, A. A. et al. **Gestão da qualidade**. 10. ed. Rio de Janeiro: Editora FGV, 2010. (Série Gestão Empresarial)

PALADINI, E. P. **Gestão da qualidade**: teoria e prática. 3. ed. São Paulo: Atlas, 2012.

TOLEDO, J. C. de. et al. **Qualidade**: gestão e métodos. Rio de Janeiro: LTC, 2012.

VIEIRA FILHO, G. **Gestão da qualidade total**: uma abordagem prática. 4. ed. Campinas: Alínea e Átomo, 2012.

Fundamentos da gestão da qualidade

Alexandre Shigunov Neto

1.5 Os grandes nomes da área da qualidade

Neste tópico, apresentaremos algumas considerações sobre os principais autores que discutiram a temática da qualidade, com trabalhos reconhecidos mundialmente, e que contribuíram significativamente com ideias e experiências para o sucesso empresarial em diversas organizações contemporâneas.

Primeiramente, listaremos de forma simplificada e breve a definição dada por cada um dos grandes gurus da área sobre o tema (Quadro 1.5). Em seguida, realizaremos uma análise mais aprofundada sobre as ideias e as teorias de cada um deles, a saber: William Edwards Deming, Joseph Moses Juran, Philip B. Crosby, Kaoru Ishikawa, Armand Feigenbaum e Genichi Taguchi.

Quadro 1.5 – Os grandes nomes da Qualidade Total

Ano	Autor	Definição
1950	Deming	Máxima utilidade para o consumidor
1951	Feigenbaum	Perfeita satisfação do usuário
1954	Juran	Satisfação das aspirações do usuário
1961	Juran	Maximização das aspirações do usuário
1964	Juran	Adequação ao uso
1979	Crosby	Conformidade com os requisitos do cliente

Fonte: Shiozawa, 1993.

Como pode ser percebido pelo quadro apresentado, o tema da qualidade é muito recente se formos compará-lo à também breve história da administração, cujo marco foi a Revolução Industrial, com a criação da máquina a vapor por James Watt.

William Edwards Deming

William Edwards Deming nasceu em 14 de outubro de 1900 na cidade de Sioux, Estado de Iowa (EUA), mas logo a família mudou-se para Powell (Wyoming), onde ele passou toda a infância e a adolescência. Ingressou no curso de Física da Universidade de Wyoming, instituição em que, em 1921, obteve o título de bacharel e cursou o mestrado na mesma área. Em 1928, concluiu o doutoramento em Física na Universidade de Yale. Trabalhou como consultor em grandes corporações mundiais.

Deming é considerado o grande nome da área da qulidade. Em sua principal obra, *Qualidade: a revolução da administração*, o autor define a qualidade como um grau previsível de uniformidade e confiança a baixo custo e adequado ao mercado consumidor. O conhecido método PDCA para controle de processos, apesar de desenvolvido na década de 1920 pelo americano Walter Shewhart, teve em Deming seu maior divulgador e entusiasta, ficando mundialmente conhecido quando da aplicação dos conceitos de *qualidade* no Japão a partir da década de 1950.

Para a realização do ciclo PDCA, a análise e a medição dos processos são relevantes à manutenção e à melhoria deles, contemplando planejamento, padronização e documentação. As etapas que o compreendem são:

- **P** (*Plan* = Planejar) – Definir o que se quer, planejar o que será feito e estabelecer as metas e os métodos que permitirão atingi-las.

- **D** (*Do* = Executar) – Tomar iniciativa, treinar, implementar, executar o planejado para se alcançar as metas, utilizando-se os métodos definidos.

- **C** (*Check* = Verificar) – Verificar continuamente os resultados obtidos no processo, comparando-os com o que foi estabelecido, para confirmar se estão sendo executados conforme o planejado.

- **A** (*Action* = Agir) – Tomar ações corretivas ou de melhoria, caso essa necessidade tenha sido constatada na fase anterior (*Check*).

Podemos observar na Figura 1.4 as quatro etapas do ciclo PDCA e as tarefas a elas relacionadas.

Figura 1.4 – Ciclo PDCA

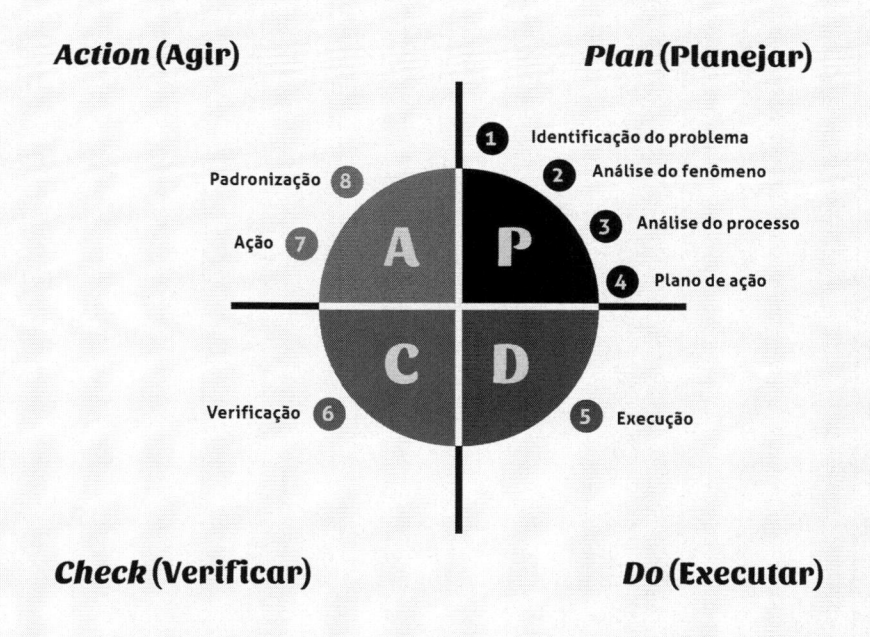

Action (Agir)

- Padronização ⑧
- Ação ⑦

Plan (Planejar)

- ① Identificação do problema
- ② Análise do fenômeno
- ③ Análise do processo
- ④ Plano de ação

Check (Verificar)

- Verificação ⑥

Do (Executar)

- ⑤ Execução

Fonte: Adaptado de Bezerra, 2015a.

Outra consideração importante acerca dos estudos de Deming é o estímulo à alta gerência para que se envolva nos programas de melhoria da qualidade.

> a qualidade desejada começa com a intenção, que é determinada pela direção. A intenção tem de ser traduzida para planos, especificações, testes, numa tentativa de oferecer ao cliente a qualidade pretendida, e tudo isso é da área de responsabilidade da administração. (Deming, 1990, p. 37)

A grande contribuição de Deming para a ciência administrativa foi a proposta do método Deming de administração, baseado em métodos estatísticos que visam melhorar os processos produtivos. Os denominados "14 princípios" estabelecidos pelo estudioso americano constituem o fundamento dos ensinamentos ministrados aos executivos no Japão em 1950 e nos anos subsequentes. Tais princípios – descritos no livro *Qualidade: A revolução da administração* – podem ser aplicados indistintamente em pequenos e grandes empreendimentos, na indústria de transformação, nas organizações de serviços e em qualquer unidade ou divisão de uma companhia. São eles:

1 Estabeleça constância de propósitos para a melhoria do produto ou do serviço, objetivando tornar-se competitivo e manter-se em atividade, bem como para gerar empregos.

2 Adote a nova filosofia. Os administradores devem acordar para o desafio, ter consciência de suas responsabilidades e assumir a liderança no processo de transformação.

3 Deixe de depender de inspeção para atingir a qualidade. Elimine a necessidade de inspeção em massa, desenvolva a qualidade no produto desde o início.

4 Acabe com a prática de aprovar orçamentos com base no preço. Em vez disso, procure minimizar o custo total. Desenvolva um fornecedor único para cada item, em um relacionamento com base na lealdade e confiança.

5 Aperfeiçoe constantemente o sistema de produção e de prestação de serviços, de modo a melhorar a qualidade e a produtividade e reduzir sistematicamente os custos.

6 Treine o pessoal no local de trabalho. A administração precisa de treinamento para conhecer a empresa, desde o recebimento de materiais até a entrega do produto ao cliente.

Fundamentos da gestão da qualidade

Alexandre Shigunov Neto

7 Institua a liderança. O objetivo da chefia não é supervisionar, e sim liderar. Dessa forma, as pessoas executam melhor o trabalho.

8 Afaste o medo de tal forma que todos trabalhem de modo eficaz para a empresa. Ninguém pode dar o melhor de si se não estiver seguro, preocupado, com medo de exprimir suas ideias ou fazer perguntas.

9 Elimine as barreiras entre os diversos departamentos. Todas as pessoas devem estar engajadas, trabalhando em equipe, de modo a prever problemas de produção e de utilização do produto ou serviço.

10 Elimine lemas, exortações e metas que exijam nível zero de falhas e estabeleça novos níveis de produtividade. A causa de baixa produtividade e qualidade, na maioria das vezes, é o sistema, e está fora do alcance dos trabalhadores.

11 Elimine os padrões numéricos. Exclua a administração por objetivos (APO) ou quotas, substitua pela administração por processos, por meio da liderança.

12 Remova as barreiras que privam as pessoas do orgulho pelo trabalho bem executado. A responsabilidade dos chefes deve ser mudada de números absolutos para a qualidade. Elimine a avaliação anual de desempenho ou mérito e da APO, substitua pelo trabalho em equipe, pelo mérito do todo.

13 Institua um sólido programa de educação e autodesenvolvimento.

14 Engaje todos da empresa no processo de realizar a transformação, pois é da competência de todos.

Ao longo de sua carreira profissional, Deming recebeu inúmeros prêmios e títulos em reconhecimento ao trabalho e aos estudos desenvolvidos na área da qualidade. Deming faleceu em 1993 aos 93 anos de idade.

Fique ligado!

Administração por objetivos (APO) é um modelo pertencente à teoria neoclássica da administração, bastante difundido e aplicado nas organizações. Esse método surgiu na década de 1950, e seus principais teóricos são Peter F. Drucker e George Odiorne; no Brasil, as mais importantes pesquisas e publicações sobre o assunto são de autoria de João Bosco Lodi. As características preponderantes da APO são: estabelecimento conjunto de objetivos para cada departamento; interligação dos objetivos departamentais; elaboração de planos táticos e planos operacionais, com ênfase na mensuração e nos controles; sistema contínuo de avaliação, revisão e aperfeiçoamento dos planos; participação atuante da chefia; e apoio intenso do *staff*.

Joseph Moses Juran

Joseph Moses Juran nasceu em 24 de fevereiro de 1904, em Braila (Romênia). Quando Juran tinha 5 anos de idade, seu pai decidiu se mudar com a família para os EUA em busca de melhores condições de vida. Antes de dedicar-se aos estudos e à pesquisas sobre a qualidade, Juran trabalhou no comércio e em fábricas. Aos 15 anos, ingressou no curso de Engenharia Eletrotécnica na Universidade de Minesota e posteriormente se formou em Direito na Universidade de Loyola, em Chicago.

Na década de 1920, ingressou no setor industrial da American Telephone and Telegraph como funcionário e chegou ao cargo de engenheiro industrial; foi quando iniciou as pesquisas e os trabalhos sobre o controle da qualidade. Juran é considerado um dos precursores da qualidade no Japão. Em sua principal obra, *Juran planejando para a qualidade*, o autor define qualidade como adequação ao uso, pois é o desempenho do produto que resulta das características dele e que proporciona a satisfação simples. O estudioso ficou conhecido por apresentar a "trilogia de Juran", que consiste no planejamento, no controle e na melhoria da qualidade. A Figura 1.5 ilustra esse pensamento.

Figura 1.5 – Trilogia de Juran

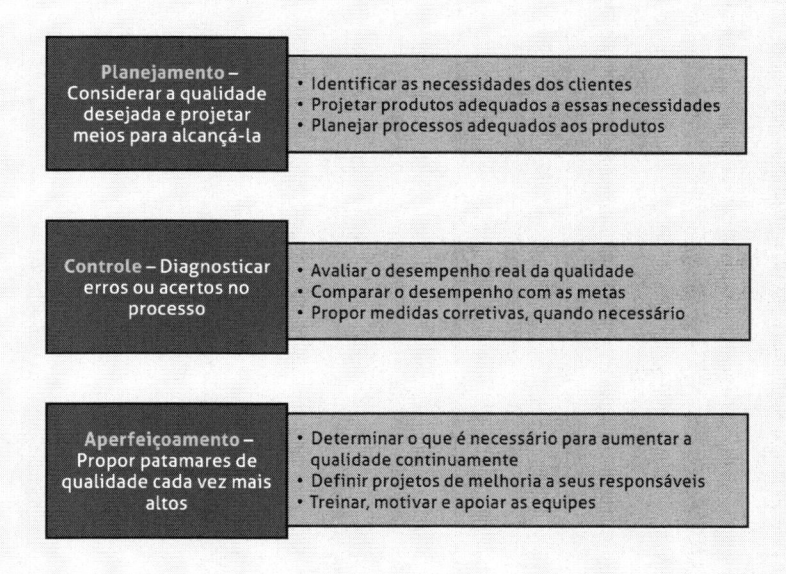

Planejamento – Considerar a qualidade desejada e projetar meios para alcançá-la	• Identificar as necessidades dos clientes • Projetar produtos adequados a essas necessidades • Planejar processos adequados aos produtos
Controle – Diagnosticar erros ou acertos no processo	• Avaliar o desempenho real da qualidade • Comparar o desempenho com as metas • Propor medidas corretivas, quando necessário
Aperfeiçoamento – Propor patamares de qualidade cada vez mais altos	• Determinar o que é necessário para aumentar a qualidade continuamente • Definir projetos de melhoria a seus responsáveis • Treinar, motivar e apoiar as equipes

Fonte: Vedovato, [s.d.].

A seguir, detalhamos cada um dos aspectos que compõem tal trilogia (Juran, 1990):

Planejamento da qualidade – Identificar os clientes; determinar as necessidades deles e criar características de produto que os satisfaçam; estabelecer processos adequados e transferir a liderança relacionada para o nível operacional.

Controle da qualidade – Avaliar o nível de desempenho atual; comparar com os objetivos fixados e tomar medidas para reduzir a diferença entre o desempenho atual e o previsto.

Melhoria da qualidade – Reconhecer as necessidades de melhoria e transformar essas oportunidades em uma tarefa de todos os trabalhadores; criar um conselho de qualidade que selecione projetos de aperfeiçoamento; promover a formação em qualidade; avaliar a progressão dos projetos; premiar as equipes vencedoras; publicar os resultados; rever os sistemas de recompensa para aumentar o nível de melhorias e incluir os objetivos de melhoria nos planos de negócio da empresa.

Além dessa definição, Juran admite a existência de várias outras em sua obra. "Um dos significados da qualidade é desempenho do produto" (Juran, 1990, p. 11). Tal desempenho resulta das características do produto que levam à satisfação, que interferem na decisão de compra, afetando as vendas e, consequentemente, provocando a necessidade de mais qualidade e mais custos. "Outro significado de qualidade é ausência de deficiências. Estas levam à insatisfação e que leva os clientes a reclamarem. Satisfação com o produto e insatisfação com o produto não são opostos" (Juran, 1990, p. 12).

Pode-se estar satisfeito com algumas características do produto, mas insatisfeito com outras, em função de uma expectativa de melhoria, por exemplo. Mais uma vez os custos são afetados, pois deficiências do produto, falhas no uso e necessidades de garantia geram repetição de trabalhos e desperdício.

A conveniência de juntar essas duas "espécies de qualidade" levou à conhecida "definição simples de qualidade (como) 'adequação ao uso'"

(Juran, 1990, p. 6). O autor mesmo julga que ela talvez não expresse claramente os dois conceitos tão diferentes. Porém, apesar da falta de consenso, esse conceito tem sido o mais reconhecido para a qualidade.

Philip B. Crosby

Philip B. Crosby nasceu em 18 de junho de 1926 em Wheeling, Virgínia Ocidental (EUA). Foi o idealizador do conceito de *defeito zero* e definiu *qualidade* como conformidade com as especificações. Sua principal obra, intitulada *Quality is Free* e publicada originalmente nos EUA em 1979, tornou-se um *best-seller* da área, com mais de 2,5 milhões de exemplares vendidos e publicado em 12 idiomas (no Brasil, foi traduzido pela Editora José Olympio com o título *Qualidade é investimento*).

Crosby define a qualidade como a conformidade com os requisitos definidos em função do cliente, dos concorrentes, das necessidades da organização, dos recursos disponíveis e da própria maneira de administrar dos líderes. Isso é possível por intermédio de procedimentos administrativos que visam melhorar os processos produtivos e, dessa maneira, satisfazer os clientes e auferir maior lucratividade.

> Qualidade não custa dinheiro. Embora não seja um dom, é gratuita. Custam dinheiro as coisas desprovidas de qualidade – tudo o que envolve a não execução correta, logo de saída, de um trabalho.
>
> A qualidade não é só gratuita, como realmente lucrativa. Cada centavo que se deixa de gastar não se repetindo erroneamente alguma coisa, ou usando-se alternativas, torna-se centavo ganho. Nesses dias de "sabe-se lá o que vai acontecer ao nosso negócio", não restam muitas maneiras de se obter lucro. Se você se concentrar em garantir qualidade, aumentará provavelmente o lucro num volume de 5 a 10 por cento de suas vendas. É lucro sem despesa. (Crosby, 1988, p. 15)

Em um primeiro momento, Crosby (1988) apresenta em sua obra os cinco pressupostos errôneos defendidos pela maioria dos administradores:

- a qualidade como sinônimo de virtude, luxo, brilho ou peso, ou seja, usada em sua forma superlativa;
- a qualidade como algo impossível de ser mensurado;
- a defesa da existência de uma "economia" da qualidade;
- os problemas da qualidade com origem no funcionário, sobretudo o do setor de fabricação;
- a qualidade originária do departamento de qualidade.

Já em um segundo momento, o autor expõe os instrumentos, os meios e os conceitos para garantir a qualidade:

> A gerência da qualidade é um meio sistemático de garantir que as atividades organizadas aconteçam segundo o planejado. É uma disciplina da gerência que diz respeito à prevenção de problemas, criando as atitudes e controles que possibilitam a prevenção.
>
> A gerência da qualidade é necessária porque nada mais é simples, se é que foi algum dia. Nosso sofisticado mundo de negócios é como esses aviões que voam por controle remoto, com instruções filtradas pelas camadas de subordinados. As pessoas que de fato controlam as atividades estão nos escritórios, laboratórios, estúdios e outros locais remotos. Quanto mais a administração se distancia dos administradores, menos eficiente ela se torna. (Crosby, 1988, p. 36)

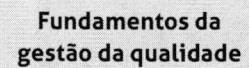

Após se consagrar como um dos grandes nomes da área da qualidade, Crosby criou o Quality College e a Philip Crosby Associates, organizações que se dedicam aos ensinamentos da qualidade sob a ótica de seu fundador. Em agosto de 2001, o estudioso faleceu, deixando 13 livros publicados e uma história de sucesso no ensinamento do tema.

Kaoru Ishikawa

Kaoru Ishikawa nasceu em Tóquio (Japão) em 1915 e formou-se em Química Aplicada em 1939 pela Universidade de Tóquio. Obteve o doutorado em Engenharia em 1960 pela mesma universidade, onde também exerceu a função docente por vários anos. No Japão, Ishikawa foi o pioneiro no estudo e desenvolvimento de pesquisas sobre a qualidade e na utilização da expressão *controle da Qualidade Total* e formulou "as sete ferramentas de Ishikawa", compostas de: 1) gráfico de Pareto; 2) diagrama de causa e efeito (espinha de peixe ou diagrama de Ishikawa); 3) histograma; 4) folha de verificação; 5) gráfico de dispersão; 6) fluxograma; e 7) carta de controle.

Na obra intitulada *Controle de qualidade total: à maneira japonesa* – publicada em 1995 no Brasil – o estudioso japonês afirma que qualidade é desenvolver, criar e fabricar mercadorias mais econômicas, úteis e satisfatórias para o consumidor. Sua proposta pretende, por intermédio da utilização de técnicas estatísticas que visam provocar alterações nos processos produtivos, obter melhoria contínua do processo e consequentemente maior lucro.

Na Figura 1.6 está ilustrado o diagrama de Ishikawa, também conhecido como *espinha de peixe* ou *diagrama causa-efeito*.

Figura 1.6 – Diagrama de Ishikawa

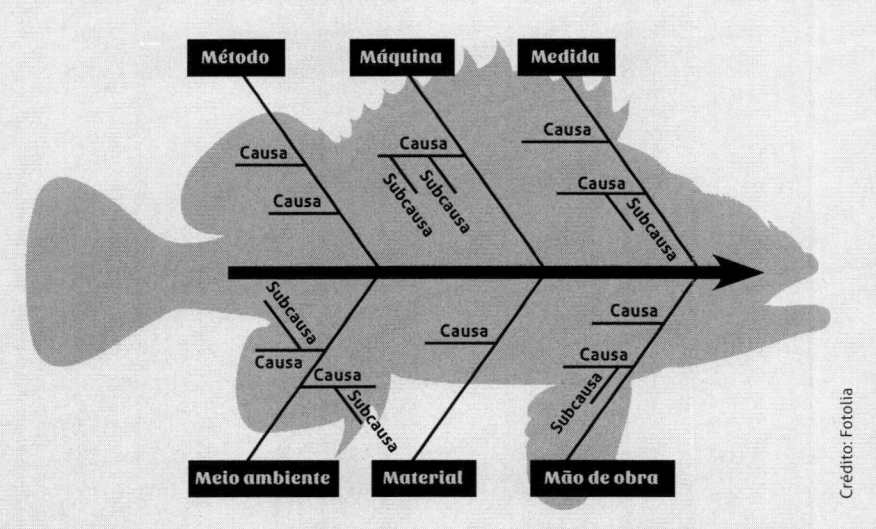

Fonte: Adaptado de Bezerra, 2014b.

Seus conhecimentos foram difundidos pelo mundo afora e tiveram implicações na ciência administrativa. Ishikawa faleceu aos 74 anos de idade após receber vários prêmios e congratulações pelo trabalho realizado.

Armand V. Feigenbaum

A principal contribuição de Armand Vallin Feigenbaum, nascido em Nova Iorque, refere-se à criação do conceito de Controle de Qualidade Total, que apareceu pela primeira vez em 1951 na publicação do seu famoso livro intitulado *Controle da Qualidade Total*. Na época, ainda estava em fase final de conclusão do doutorado no Massachusetts Institute of Technology (MIT). A ideia central de seu pensamento é que a qualidade do produto é resultante da participação de todos os setores da empresa, sem exceção, em que cada um conta com um nível de responsabilidade e decisão.

Fundamentos da gestão da qualidade

Alexandre Shigunov Neto

O trabalho de Feigenbaum foi descoberto pelos japoneses na década de 1950 por intermédio de suas ideias sobre a qualidade espalhadas em revistas científicas e livros. Em *Controle da Qualidade Total*, o autor se afasta da discussão em torno dos métodos e das técnicas do controle da qualidade para se deter ao controle da qualidade como uma ferramenta de gestão administrativa. Sua tese vai na direção de que as técnicas estatísticas e a manutenção preventiva são tidas apenas como um dos inúmeros elementos de um programa de controle de qualidade em que as relações humanas são tidas como importantes e necessárias para o desenvolvimento dos sistemas de qualidade. Além disso, o estudioso americano define o controle da qualidade como um sistema eficaz de coordenação e manutenção da qualidade e os esforços organizacionais a favor dela.

Feigenbaum (1983) considera que a qualidade é a determinação do cliente, que deve estar baseada na experiência dele com o produto e o serviço, utilizando-se das necessidades percebidas para definir metas em um mercado competitivo. Qualidade de produto e de serviço são a composição total das características de um produto e de serviço em marketing, engenharia, manufatura e manutenção, de modo que vão ao encontro das expectativas do consumidor.

O sistema de qualidade proposto por Feigenbaum (1983) tem como base uma forte infraestrutura técnica e administrativa, com procedimentos de gestão e técnica preestabelecida e integrada dentro da estrutura organizacional. Tais procedimentos são gerenciados por especialistas em qualidade, que apoiam e dão assistência a todos os departamentos da organização para assegurar uma integração em torno da função de qualidade.

Para Feigenbaum (1983), o sistema de qualidade deve incluir alguns princípios, a saber:

- orientação ao cliente;
- integração de atividades por toda a organização;
- atribuições claras ao pessoal;

- atividades específicas para controle de fornecedores;
- identificação total dos equipamentos de qualidade;
- conscientização de toda a organização;
- eficácia real das ações corretivas;
- controle contínuo do sistema, incluindo previsão e realimentação da informação;
- auditoria periódica das atividades do sistema.

Feigenbaum (1983) também sugere que o sistema da qualidade seja composto por uma série de partes ou subsistemas básicos baseados em procedimentos documentados, tendo como macrorreferência o manual de qualidade:

- avaliação da qualidade antes do início da produção;
- planejamento da qualidade e do processo;
- planejamento, avaliação e controle da qualidade dos materiais adquiridos;
- avaliação e controle da qualidade do produto e do processo;
- realimentação da informação da qualidade;
- equipamento da informação da qualidade;
- formação e orientação para a qualidade e o desenvolvimento do pessoal;
- qualidade na assistência técnica;
- gestão da função de controle da qualidade;
- estudos especiais sobre a qualidade.

Genichi Taguchi

Genichi Taguchi trabalhou em diversos órgãos governamentais no Japão e, a partir de 1950, começou a desenvolver e aplicar suas técnicas e seus métodos de qualidade na Companhia Japonesa de Telefones e Telégrafos. Também atuou por diversos anos como consultor da área de qualidade, prestando assessoria a empresas como Ford e IBM. Obteve o título de PhD em Estatística na Universidade de Kyushu (Japão). Em 1961 e 1984, ganhou o Prêmio Deming de literatura da qualidade. Publicou o primeiro livro em 1951, e já em meados dessa década seus métodos estavam sendo intensamente utilizados na indústria, inclusive a automobilística, com destaque para a Toyota.

A metodologia de Taguchi está embasada no princípio da otimização rotineira do produto e do processo antes do início da produção, ou seja, ele propõe uma técnica de análise do projeto do produto. O termo Engenharia da Qualidade foi proposto inicialmente por Taguchi (1990), que fundamenta todo seu estudo na importância da relação entre preço e qualidade dos produtos.

"O preço representa para o consumidor uma perda na hora da compra, e a baixa qualidade representa uma perda adicional para ele durante o uso do produto. Um dos objetivos da engenharia da qualidade deve ser redução da perda total para o consumidor" (Taguchi, 1990, p. 2).

Taguchi (1990) defende que a qualidade de um produto é identificada como aquelas características que reduzem a perda total para o consumidor. Desse modo, a perda da qualidade é definida como o prejuízo que certo produto causa à sociedade a partir do momento em que é liberado para venda.

Dentro dessa relação de preço e qualidade, Taguchi (1990) enuncia os seguintes princípios:

- os custos são a característica mais importante de um produto;
- os custos não podem ser reduzidos sem influenciar a qualidade;

- **a** qualidade pode ser aumentada sem aumentar os custos;
- **o**s custos podem ser reduzidos por meio da melhoria da qualidade.

Os quatro princípios são claros, mas, se forem analisados conjuntamente, o conceito resultante é mais difícil de ser compreendido. Após o entendimento desses fundamentos, devem ser analisados os quatro pontos principais da filosofia da qualidade proposta por Taguchi (1990), em que:

- **E**m um mercado competitivo, a melhoria contínua da qualidade e a redução de custos são necessárias para que as empresas sobrevivam.
- **U**ma medida importante da qualidade de determinado artigo produzido é o custo total que ele infringe na sociedade.
- **A** perda de um consumidor devido à má qualidade é aproximadamente igual ao quadrado do desvio da sua característica de *performance* em relação ao seu objetivo ou valor nominal.
- **A** variação da *performance* de um produto ou de um serviço pode ser reduzida se observarmos os efeitos não lineares que os fatores (parâmetros) têm nas características de performance. Qualquer pequeno desvio do valor objetivo leva a uma má qualidade.

Conseguimos realizar a análise dos grandes nomes da área de qualidade e suas contribuições para a gestão da qualidade e para o desempenho organizacional. Feito isso, podemos avançar para a análise da produtividade e da competitividade.

Fundamentos da gestão da qualidade

Alexandre Shigunov Neto

Para saber mais

Caso queria obter mais informações sobre os grandes nomes da qualidade, vale a pena conferir os seguintes livros:

BROCKA, B. M.; BROCKA, M. S. **Gerenciamento da qualidade**. São Paulo: Makron Books, 1994.

CARPINETTI, L. C. R. **Gestão de qualidade**: conceitos e técnicas. 2. ed. São Paulo: Atlas, 2012.

CIERCO, A. A. et al. **Gestão da qualidade**. 10. ed. Rio de Janeiro: Ed. da FGV, 2010. (Série Gestão Empresarial)

CORREA, H. L.; CORREA, C. A. **Administração de produção e operações**: manufatura e serviços. 2. ed. São Paulo: Atlas, 2004.

CROSBY, P. B. **Qualidade é investimento**. 3. ed. Rio de Janeiro: J. Olympio, 1988.

DEMING, W. E. **Qualidade**: a revolução da administração. Rio de Janeiro: M. Saraiva, 1990.

DRUMMOND, H. **Movimento pela qualidade**: de que o gerenciamento de qualidade total realmente se trata. São Paulo: Littera Mundi, 1998.

FEIGENBAUM, A. V. **Total Quality Control**. New York: McGraw-Hill, 1983.

GARVIN, D. A. **Gerenciando a qualidade**: a visão estratégica e competitiva. Rio de Janeiro: Qualitymark, 1992.

ISHIKAWA, K. **Controle de qualidade total**: à maneira japonesa. 3. ed. Rio de Janeiro: Campus, 1993.

JURAN, J. M. **Juran planejando para a qualidade**. São Paulo: Pioneira, 1990.

OAKLAND, J. S. **Gerenciamento da qualidade total**. São Paulo: Nobel, 1994.

PALADINI, E. P. **Gestão da qualidade**: teoria e prática. 3. ed. São Paulo: Atlas, 2012.

SCHONBERGER, R. J. **Técnicas industriais japonesas**: nove lições ocultas sobre simplicidade. 2. ed. São Paulo: Pioneira, 1984.

SHIOZAWA, R. S. C. **Qualidade no atendimento e técnica da informação**. São Paulo: Atlas, 1993.

TAGUCHI, G. **Engenharia da qualidade em sistemas de produção**. São Paulo: McGraw-Hill, 1990.

1.6
Produtividade e competitividade

Com vistas à melhor compreensão da importância da produtividade para a gestão da qualidade e para o desempenho das organizações, faz-se necessário o entendimento de alguns termos bastante usados quando tratamos da referida temática, como *eficácia*, *eficiência* e *competitividade*. Comecemos por dois deles que parecem ter significados idênticos, mas que, na perspectiva organizacional, proporcionam resultados muito diferentes: **eficiência** e **eficácia**. Dependendo do autor analisado, as definições costumam variar bastante: para Antonio Maximiano (2005), *eficácia* indica que a organização alcança seus objetivos, enquanto *eficiência* aponta que a empresa utiliza os recursos produtivamente ou de maneira econômica; quanto mais alto for o grau de produtividade ou de economia na utilização dos insumos, mais eficiente será.

De forma geral, podemos dizer que *eficácia* é a preocupação unicamente com atingir um objetivo predeterminado, ao passo que *eficiência* pode ser entendida como a realização de tarefas de maneira correta, com o mínimo de atividades e com o aproveitamento máximo possível de todos os recursos disponíveis.

Fundamentos da gestão da qualidade

Alexandre Shigunov Neto

Basicamente, o conceito de *produtividade* é uma relação entre as saídas e as entradas de produtos. Corrêa e Corrêa (2004) afirmam que se trata de uma medida da eficiência com que recursos de entrada (insumos) de um sistema são transformados em saídas (produtos).

$$\text{PRODUTIVIDADE} = \frac{\text{Saídas (Output)}}{\text{Entradas (Input)}}$$

Para Campos (2004b), *produtividade* significa produzir cada vez mais e melhor com cada vez menos. Ela representa o valor dos resultados (produtos e serviços) dividido pelo valor dos insumos (salários, custos dos equipamentos, matérias-primas etc.) utilizados. Portanto, a forma como os processos produtivos são gerenciados desempenha um papel fundamental na melhoria da produtividade; ou seja, há uma relação direta entre a gestão da produção e a produtividade (Shigunov Neto; Scarpim, 2013).

Nas palavras de Moreira (2004, p. 600),

> Dado um sistema de produção, onde insumos são combinados para fornecer uma saída, a produtividade refere-se ao maior ou menor aproveitamento dos recursos nesse processo de produção, ou seja, diz respeito a quanto se pode produzir partindo de uma certa quantidade de recursos. Neste sentido, um crescimento da produtividade implica em um melhor aproveitamento de funcionários, máquinas, de energia e dos combustíveis consumidos, da matéria-prima, e assim por diante.

Por essa definição, podemos concluir que, para aumentar a produtividade, é preciso ser mais eficiente nos elementos que compõem esse sistema:

- **m**ão de obra;
- **m**áquinas e equipamentos;

- manutenção dos equipamentos;
- energia e combustíveis consumidos;
- matéria-prima utilizada.

Entende-se que *competitividade* constitui o esforço de tornar uma empresa mais forte que as concorrentes e a preferida dos consumidores. Significa proporcionar aos clientes um produto ou serviço com qualidade e preço acessível em relação aos outros *players*, ou seja, competir pelo mercado com qualidade (Shigunov Neto; Scarpim, 2013).

De acordo com Maximiano (2005), a competitividade deriva da concepção de eficácia aplicada particularmente às empresas. Estas apresentam natureza competitiva – concorrem entre si, disputando a preferência dos mesmos clientes e consumidores; o sucesso de uma pode significar o fracasso de outra. Para Campos (2004b), ser competitivo é ter a maior produtividade possível, até mesmo – e principalmente – maior que a dos concorrentes. Portanto, é estar em igualdade de condições com outros fabricantes ou fornecedores quando do oferecimento de um produto/serviço. Dessa forma, deduz-se que quanto melhores forem a produtividade e a eficiência de uma organização, mais chances ela terá de ser competitiva com relação à concorrência.

Vimos que *eficiência* é realizar uma atividade preestabelecida, buscando unicamente um resultado. As organizações, na maioria das vezes, são eficientes, contudo buscam incessantemente a eficácia, que significa usar de forma mais racional possível todos os recursos disponíveis, de modo a intensificar as atividades. Quando conseguem ser eficazes, geram produtividade e passam a usufruí-la, diminuindo custos e otimizando processos produtivos. A produtividade gera a busca incessante pela qualidade, que, quanto maior for, maiores serão os índices de produtividade. A qualidade, juntamente a todos os fatores citados anteriormente, gera a competitividade, para que a empresa se torne superior às concorrentes (Shigunov Neto; Scarpim, 2013).

Fundamentos da gestão da qualidade

Alexandre Shigunov Neto

Aliando os fatores de eficácia, eficiência, produtividade, qualidade e competitividade e trazendo o significado desses conceitos para o contexto da administração da produção, conclui-se que o grande foco da gestão da produção é fazer uma única vez e certo o que se propõe, do início ao fim do processo. O objetivo é que, dessa forma, não haja perdas de tempo, gastos desnecessários e grandes prejuízos com retrabalhos e correções de erros na produção de produtos e serviços (Shigunov Neto; Scarpim, 2013).

Com a análise dos conceitos de *produtividade* e *competitividade*, podemos avançar para a análise do que é Qualidade Total.

Para saber mais

Caso queira obter mais informações sobre produtividade e competitividade, vale a pena pesquisar os seguintes livros:

CAMPOS, V. F. **Gerenciamento pelas diretrizes**. 4. ed. Nova Lima: INDG Tecnologia e Serviços, 2004.

CAMPOS, V. F. **Qualidade total**: padronização de empresas. Nova Lima: INDG Tecnologia e Serviços, 2004.

MOREIRA, D. A. **Administração da produção e operações**. 2. ed. São Paulo: Pioneira Thomson Learning, 2004.

SLACK, N. et al. **Administração da produção**. São Paulo: Atlas, 2002.

1.7 O que é Qualidade Total?

O termo *Qualidade Total* é muito abrangente, uma vez que não se trata de uma técnica ou de uma ferramenta, abordagem mecanicista, conceito comportamental ou uma abordagem filosófica da vida. Portanto, é a somatória de todos esses aspectos. De acordo com Paladini (2012, p. 29),

Qualidade total não é uma expressão nova nem um novo conceito. É antes de tudo uma decorrência natural da qualidade definida enquanto "adequação ao uso". Essa análise torna-se particularmente válida quando se analisam as dimensões da Gestão da Qualidade e suas ações diante desse conceito. De fato, o conceito de "adequação ao uso" não determina nem identifica quais elementos estabelecem como esse ajuste se processa. A qualidade, assim, passa a ser característica que atende "totalmente" ao consumidor.

Qualidade Total envolve os grandes objetivos de uma empresa: a minimização dos custos por meio de uma organização eficaz e eficiente e a maximização dos recursos produtivos (matéria-prima, recursos humanos, equipamentos e instalações). Não se trata apenas de uma técnica ou de uma ferramenta, como visto, mas sim de uma estrutura voltada à qualidade, em que se tem o controle das atividades internas da companhia, buscando sua otimização e visão da concorrência e do mercado no qual atua para promover maior eficácia. Ela não está presente apenas em instituições de grande porte e multinacionais; as pequenas, médias e microempresas também podem e devem utilizar-se desse gerenciamento estratégico para melhorar a posição delas no mercado.

Outra restrição comumente citada é a de que a Qualidade Total poderia ser implementada apenas em organizações com fins empresariais. Entretanto, existem outras que podem implementá-la, como:

- organizações do setor público;
- organizações não governamentais (ONGs);
- organizações esportivas;
- organizações socioculturais;
- organizações científicas.

Fundamentos da gestão da qualidade

Alexandre Shigunov Neto

De acordo com Shiba, Graham e Walden (1997), cada empresa pode encontrar o próprio caminho para implementar a Qualidade Total; todavia, devemos sempre considerar como fundamentais em qualquer processo de implantação bem-sucedida quatro conceitos:

1. foco nos clientes;
2. melhoria contínua;
3. participação total dos funcionários;
4. aprendizado social, por intermédio do compartilhamento de informações com outras empresas.

Dentro desse conceito macro, destacam-se dois elementos fundamentais, conhecidos pelas organizações e implantados como ferramentas de gestão da qualidade e que serão vistos a seguir: o TQM (*Total Quality Management* – gerenciamento da Qualidade Total) e o TQC (*Total Quality Control* – controle da Qualidade Total).

Para saber mais

Caso queira obter mais informações sobre Qualidade Total, vale a pena pesquisar os seguintes livros:

BALLESTERO-ALVAREZ, M. E. **Gestão de qualidade, produção e operações**. 2. ed. São Paulo: Atlas, 2012.

CAMPOS, V. F. **Qualidade total**: padronização de empresas. Nova Lima: INDG Tecnologia e Serviços, 2004.

CARPINETTI, L. C. R. **Gestão de qualidade**: conceitos e técnicas. 2. ed. São Paulo: Atlas, 2012.

CARVALHO, M. M. de; PALADINI, E. P. (Coord.). **Gestão da qualidade**: gestão e métodos. 2. ed. Rio de Janeiro: Campus, 2012.

CIERCO, A. A. et al. **Gestão da qualidade**. 10. ed. Rio de Janeiro: Ed. da FGV, 2010. (Série Gestão Empresarial)

PALADINI, E. P. **Gestão da qualidade no processo**: a qualidade na produção de bens e serviços. São Paulo: Atlas, 1995.

PALADINI, E. P. **Gestão da qualidade**: teoria e prática. 3. ed. São Paulo: Atlas, 2012.

PALADIN, E. P. **Gestão estratégica da qualidade**: princípios, métodos e processos. 2. ed. São Paulo: Atlas, 2009.

TOLEDO, J. C. de. et al. **Qualidade**: gestão e métodos. Rio de Janeiro: LTC, 2012.

Gerenciamento da Qualidade Total

O TQM é um subelemento da Qualidade Total e compreende os aspectos gerencial e organizacional. Nas palavras de Oakland (1994, p. 32),

> O TQM é uma abordagem para melhorar a competitividade, a eficácia e a flexibilidade de toda uma organização. É essencialmente uma maneira de planejar, organizar e compreender cada atividade, e depende de cada indivíduo em cada nível.

O mesmo autor destaca alguns aspectos que devem ser considerados no TQM, a saber:

- reconhecimento dos clientes e descoberta das necessidades deles;
- elaboração de normas consistentes com as exigências dos clientes;
- controle de processos, inclusive de sistemas, e melhoria de sua capacidade;

Fundamentos da gestão da qualidade

Alexandre Shigunov Neto

responsabilidade da administração por estabelecer a filosofia de orientação, a política de qualidade e prover motivação por meio de liderança e preparar o pessoal para atingir qualidade;

delegação de autoridade para pessoas de todos os níveis da organização praticarem ações em benefício da melhoria da qualidade.

Shiba, Graham e Walden (1997) afirmam que o gerenciamento da Qualidade Total é um sistema em evolução que envolve procedimentos, ferramentas e métodos de treinamento para gerenciar organizações com o intuito de proporcionar ao cliente a satisfação em uma sociedade de rápidas mudanças. Nesse sentido, o TQM melhora o desempenho da empresa em todas as áreas, de forma a eliminar os defeitos em produtos, aumentando a atratividade do projeto deles, tornando mais rápida a entrega do serviço e reduzindo o custo, entre outros fatores.

A noção de *melhoria contínua* está associada ao TQM e pode ser observada na definição encontrada em Brocka e Brocka (1994, p. 3):

> Gerenciamento da qualidade ou gerenciamento da qualidade total (TQM) é uma filosofia que tem por finalidade melhorar continuamente a produtividade em cada nível de operação e em cada área funcional de uma organização, utilizando todos os recursos financeiros e humanos disponíveis. A melhoria direcionada para satisfazer objetivos amplos, tais como custo, qualidade, visão de mercado, planejamento e crescimento da empresa.

Com base nas definições desses diferentes autores, podemos ter uma noção inicial do objetivo do TQM, que se traduz como parte fundamental do conceito macro de Qualidade Total na busca por reduzir custos, aumentar a produtividade e atender às necessidades dos consumidores por intermédio da **melhoria contínua**, expressão utilizada no TQM para transmitir a noção de melhoria como um processo de diagnóstico e resolução de problemas. Nesses termos, tal expressão está embasada em duas premissas básicas: 1) a melhoria sistemática (ou baseada cientificamente); e 2) a realimentação da melhoria (melhoria interativa) (Shiba; Graham; Walden, 1997). A seguir, faremos uma breve análise e descrição dessas ideias.

1 Melhoria sistemática

Shoji Shiba modificou o modelo "W" de Jiro Kawakita para aplicação no TQM e o denominou "WV", que constitui um auxílio para compreender e recordar três estágios de melhoria e manutenção da qualidade. Esse modelo também transmite a ideia de movimento contínuo e sistemático entre o pensamento abstrato e os dados empíricos durante o processo de resolução de um problema. Além de ilustrar a inter-relação entre pensamento e experiência, ele ilustra os três tipos de melhoria que podem ser adotados:

Controle de processo – Pode ser realizado por intermédio do ciclo SDCA[2] (padronizar, executar, verificar e agir corretivamente). O método é ter um processo padrão para utilizar com o intuito de verificar se o produto ou o serviço satisfaz o que foi especificado anteriormente.

Melhoria reativa – Trata-se da melhoria de um processo ruim, em que são utilizadas ações contra um problema específico recorrendo-se a um processo de resolução de problemas para efetuar a melhoria.

Melhoria proativa – Deve-se escolher um rumo para a empresa antes de iniciar uma atividade de melhoria, quando, em muitas situações, não se tem uma ideia clara a respeito de uma melhoria específica.

---

2   Em inglês: *Standart, Do, Check, Action*.

Fundamentos da gestão da qualidade

Alexandre Shigunov Neto

A Figura 1.7 ilustra um modelo WV.

Figura 1.7 – O modelo WV e os três tipos de melhoria (e resolução de problemas)

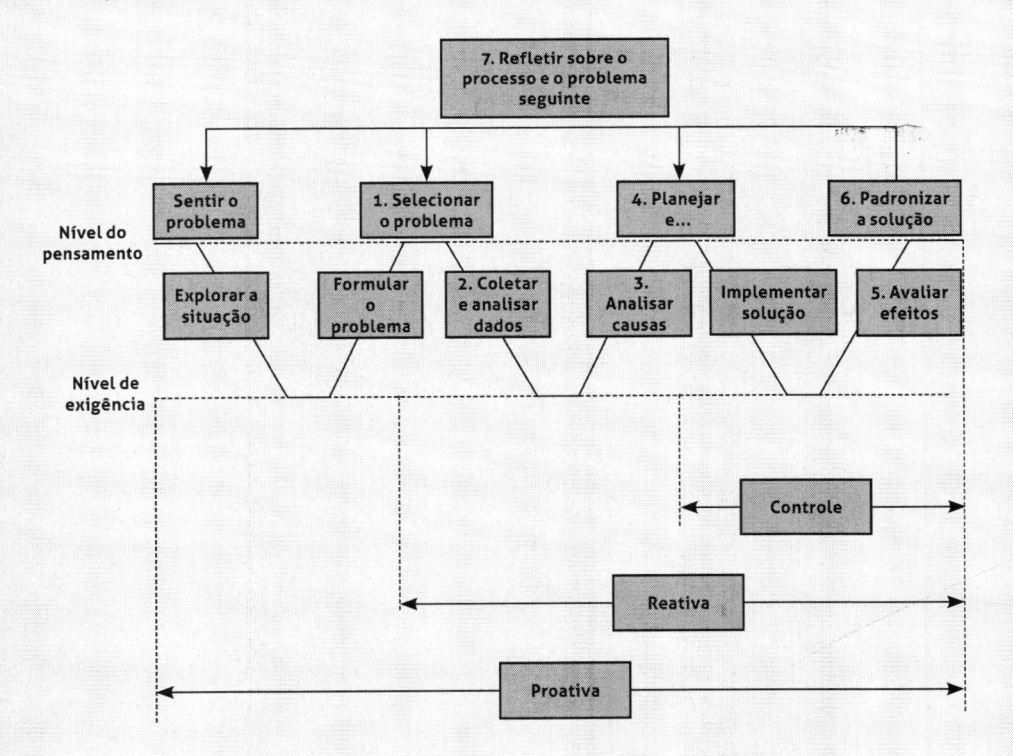

Nível do pensamento

7. Refletir sobre o processo e o problema seguinte

- Sentir o problema
- 1. Selecionar o problema
- 4. Planejar e...
- 6. Padronizar a solução

- Explorar a situação
- Formular o problema
- 2. Coletar e analisar dados
- 3. Analisar causas
- Implementar solução
- 5. Avaliar efeitos

Nível de exigência

- Controle
- Reativa
- Proativa

Fonte: Shiba; Graham; Walden, 1997.

2 Melhoria interativa

Implícita no modelo WV está a ideia de realimentar a melhoria, e a melhor ferramenta nesse caso é o ciclo PDCA (planejar, executar, verificar e agir corretivamente). Ele simboliza o princípic da interação na resolução de problemas, efetuando melhorias por etapas e repetindo o ciclo diversas vezes.

Para saber mais

Caso queria obter mais informações sobre Qualidade Total, vale a pena pesquisar os seguintes livros:

BALLESTERO-ALVAREZ, M. E. **Gestão de qualidade, produção e operações**. 2. ed. São Paulo: Atlas, 2012.

CARPINETTI, L. C. R. **Gestão de qualidade**: conceitos e técnicas. 2. ed. São Paulo: Atlas, 2012.

CAMPOS, V. F. **TQC**: controle da qualidade total no estilo japonês. 9. ed. Nova Lima: INDG Tecnologia e Serviços, 2014.

CARVALHO, M. M. de; PALADINI, E. P. (Coord.). **Gestão da qualidade**: gestão e métodos. 2. ed. Rio de Janeiro: Campus, 2012.

CIERCO, A. A. et al. **Gestão da qualidade**. 10. ed. Rio de Janeiro: FGV, 2010. (Série Gestão da Qualidade)

PALADINI, E. P. **Gestão da qualidade no processo**: a qualidade na produção de bens e serviços. São Paulo: Atlas, 1995.

PALADINI, E. P. **Gestão estratégica da qualidade**: princípos, métodos e processos. 2. ed. São Paulo: Atlas, 2009.

PALADINI, E. P. **Gestão da qualidade**: teoria e prática. 3. ed. São Paulo: Atlas, 2012.

TOLEDO, J. C. de. et al. **Qualidade**: gestão e métodos. Rio de Janeiro: LTC, 2012.

Fundamentos da gestão da qualidade

Alexandre Shigunov Neto

Controle da Qualidade Total

Controle da Qualidade Total (TQC, do inglês *Total Quality Control*), também chamado no Brasil de *gestão da Qualidade Total* (GQT), é o termo que traduz a Qualidade Total. A palavra *controle* implica desenvolver um plano, executá-lo, compará-lo/checá-lo com o desempenho alcançado e utilizar-se de ações corretivas para eliminar as diferenças encontradas.

O TQC deve ser realizado ao longo do processo produtivo da empresa de modo a promover a melhor utilização possível dos recursos disponíveis e atingir zero defeitos. Esses objetivos podem ser alcançados com maior envolvimento e comprometimento dos trabalhadores, e entre as ações a serem implementadas destacam-se: trabalhos realizados por equipes; maior autonomia e descentralização para a tomada de decisão no chão de fábrica, onde ocorre a produção; recompensa pelo desempenho das equipes de trabalho; e hierarquia administrativa horizontal (Castells, 1999). Outro conceito de Manuel Castells (1999) é a busca constante pelos "cinco zeros", assim definidos: nível zero de defeitos nas peças, dano zero nas máquinas, estoque zero, demora zero e burocracia zero.

O efeito *gestalt* (o todo é maior que a soma das partes que o compõem) é fundamental para alcançar a Qualidade Total. Uma organização que prima pela harmonia entre departamentos, entre a alta administração e o chão de fábrica, em que todos trabalham juntos visando atingir as mesmas metas e objetivos, encontra-se em posição privilegiada em relação a outras nas quais cada pessoa ou departamento tenta ter mais privilégios que os demais.

Fique ligado!

A palavra *gestalt* tem origem alemã e surgiu em 1523 de uma tradução bíblica: "o que é colocado diante dos olhos, exposto aos olhos". Hoje, o termo é adotado mundialmente para denominar a integração das partes em oposição à soma do "todo".

O trabalho em grupo está profundamente associado aos programas de Qualidade Total e ao uso de técnicas estatísticas para detecção de problemas e análise da qualidade e da produtividade nas organizações. De acordo com Campos (2014, p. 14),

> As "organizações humanas" (empresas, escolas, hospitais etc.) são meios (causas) destinados a se atingirem determinados fins (efeitos). Controlar uma "organização humana" significa detectar quais foram os fins, efeitos ou resultados não alcançados (que são problemas da organização), analisar estes maus resultados buscando suas causas e atuar sobre estas causas de modo a melhorar os resultados. Primeiro devemos reconhecer quais são os fins (resultados) desejados para uma empresa. Como o objetivo de uma organização humana é satisfazer as necessidades das pessoas, então o objetivo, o fim, o resultado desejado de uma empresa é a Qualidade Total.

Uma definição clara e objetiva de controle da qualidade é oferecida por Oakland (1994, p. 25):

> O controle da qualidade então é essencialmente o conjunto de atividades e técnicas empregadas para obter e manter a qualidade de um produto, processo ou serviço. Inclui uma atividade de monitoração, mas também objetiva encontrar e eliminar causas de problemas de qualidade, de tal modo que os requisitos do cliente sejam continuamente atendidos.

É por meio de um programa de qualidade que uma empresa pode aprimorar e controlar a administração da qualidade de seus fornecedores e não apenas dos produtos e serviços. Desse modo, ela pode reduzir ao mínimo possível ou até mesmo dispensar a inspeção dos produtos recebidos (Maximiano, 2000).

Fundamentos da gestão da qualidade

Alexandre Shigunov Neto

Uma das formas de controle visando à garantia da qualidade sugerida por Campos (2014) é a utilização de algumas perguntas, o conhecido **método dos 5W1H**:

- **What** – Quais são os itens de controle em qualidade, custo, entrega e segurança? Qual é a unidade de medida?
- **When** – Qual é a frequência com que devem ser medidos (diário, semanal, mensal, anual)? Quando atuar?
- **Where** – Onde são conduzidas as ações de controle?
- **Why** – Em que circunstâncias o controle será exercido? (por exemplo, o *market share* caiu abaixo de 50%)
- **Who** – Quem participará das ações necessárias ao controle?
- **How** – Como exercer o controle? Indique o grau de prioridade para a ação de cada item.

Outra ferramenta simples e bastante utilizada para o controle e a melhoria do processo é sugerida por Shiba, Graham e Walden (1997) e faz a interação entre os ciclos PDCA e SDCA. No PDCA, deve-se definir o planejamento a ser feito, estabelecer as metas e definir os métodos que permitirão atingi-las (P); em seguida, executar o planejado para se alcançar as metas, utilizando-se dos métodos definidos (D). A partir daí, é preciso verificar continuamente os resultados obtidos no processo, comparando-os com os métodos estabelecidos, para ver se estão sendo executados conforme o planejado (C); e, por fim, tomar ações corretivas ou de melhoria (A). "No ciclo SDCA há um padrão (S) e ele é utilizado para executar o processo (D). Então, os resultados do processo são verificados (C) e ação apropriada é efetuada (A)" (Shiba; Graham; Walden, 1997, p. 52).

A Figura 1.8 apresenta o ciclo SDCA, descrevendo resumidamente cada uma das etapas.

Figura 1.8 – Ciclo SDCA: método de controle das rotinas

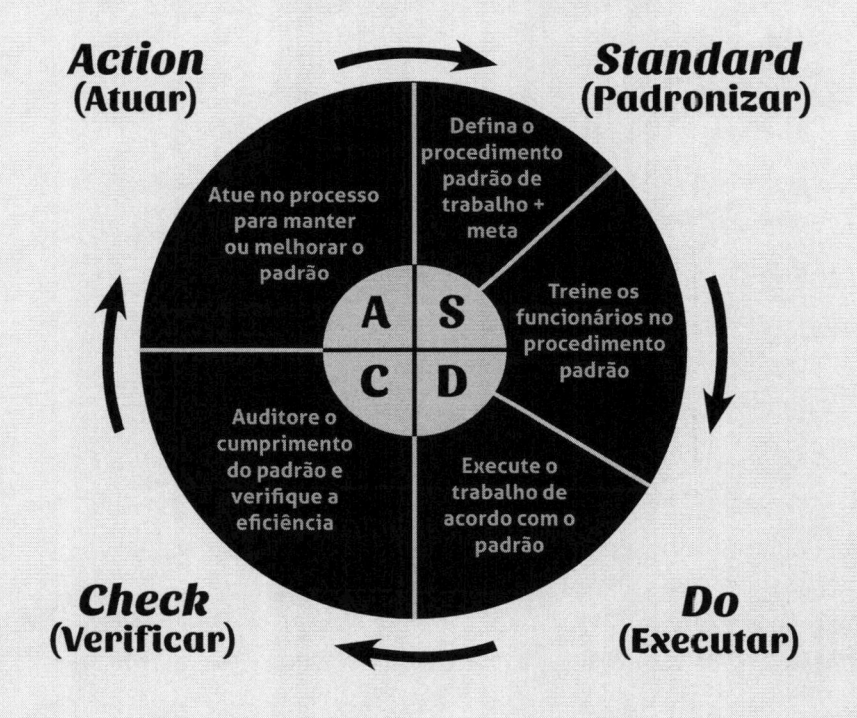

Action (Atuar)
- Atue no processo para manter ou melhorar o padrão

Standard (Padronizar)
- Defina o procedimento padrão de trabalho + meta
- Treine os funcionários no procedimento padrão

Do (Executar)
- Execute o trabalho de acordo com o padrão

Check (Verificar)
- Audite o cumprimento do padrão e verifique a eficiência

Fonte: Fernandes, [S.d.].

A interação entre os dois ciclos poderia ter o seguinte roteiro para controle:

1 SDCA – Colocar em operação o processo existente por algum tempo. Computar a variação natural, visualizando a variação não controlada.

2 PDCA – Encontrar e eliminar as fontes de variação não controlada.

3 SDCA – Continuar com o processo novo ou o processo atual, agora com mais precisão.

Fundamentos da gestão da qualidade

Alexandre Shigunov Neto

Além dessas propostas que constituem simples elementos para verificação e controle da qualidade, outras ferramentas podem ser utilizadas com essa finalidade, as quais serão brevemente relacionadas a seguir:

1. **Lista (ou folha) de verificação** – Utilização de formulários com a finalidade de levantar dados sistematicamente com relação à frequência de diversos efeitos. Trata-se de uma ferramenta para reunir informações e também um ponto lógico para iniciar a maioria dos controles de processo ou dos esforços para solução de problemas. "É especialmente útil para registrar observações diretas e ajudar a reunir fatos sobre o processo, em vez de opiniões sobre ele" (Oakland, 1994, p. 220).

2. **Estratificação** – Divisão de um conjunto de dados em grupos significativos. Constitui-se em uma das maneiras potenciais de determinar uma causa específica, avaliando mais de um mecanismo para análise (e comparação) com a mesma função, objetivando detectar diferenças entre eles.

3. **Diagrama de Pareto** – Forma de gráfico de barras verticais que ajuda a identificar os problemas a serem solucionados e em que ordem, conforme o grau de importância deles. Os gráficos de Pareto podem ser divididos entre aqueles utilizados para descobrir o problema maior, ou seja, os sintomas, ou voltados a descobrir a causa maior, denominados *causas*.

Fique ligado!

Vilfredo Pareto (1848-1923), economista e sociólogo italiano, é considerado um dos fundadores da moderna ciência econômica. Criou os conceitos de "ótimo" e "Lei de Pareto". Suas principais ideias estão presentes em alguns livros escritos por ele, entre os quais *Manual de economia política*. Os pensamentos do economista deram especial atenção à aplicação da matemática na economia.

Quando existem diversos problemas, não é fácil tentar controlá-los ao mesmo tempo; por isso, deve-se organizá-los em ordem de importância e enfrentar os maiores primeiro.

> Um gráfico de barras que mostra o maior problema à esquerda seguido pelos problemas de importância menor é chamado de diagrama de Pareto. O diagrama de Pareto ajuda a visualizar os efeitos, as causas, poucos e vitais. Os totais absolutos de defeitos são sempre mostrados do lado esquerdo, e os percentuais cumulativos são sempre mostrados do lado direito.
> (Shiba; Graham; Walden, 1997, p. 78)

A análise de Pareto consta de três etapas principais: estratificação, levantamento de dados e diagrama de Pareto propriamente dito. Essa sequência de operações pode ser repetida várias vezes, sempre tomando os itens prioritários como novos problemas, até serem localizados e quantificados os vários projetos de solução de tais problemas.

4 Diagrama de causa e efeito – Também conhecido como *espinha de peixe* ou *diagrama de Ishikawa*. Para resolver um problema, é importante conhecer as causas reais e as inter-relações. Deve-se utilizar a ferramenta para direcionar a coleta e a análise de dados, para descobrir a causa básica de um problema. Sua forma é similar a uma espinha de peixe, na qual o efeito é colocado no eixo principal ou o problema que se quer analisar, e as espinhas ou ramificações representam possíveis causas. A aplicabilidade desse sistema foi logo difundida e amplamente utilizada em empresas do Japão, e foi incluída na terminologia de controle de qualidade das normas industriais japonesas, mais conhecidas como *Japanese Industrial Standards* (JIS). Segundo tais normas, o diagrama de causa e efeito mostra a relação entre uma característica da qualidade e os fatores.

5 Gráficos – Fácil visualização dos dados. Os mais utilizados são: gráficos de barra, gráficos de linha e gráficos de pizza.

6 Carta de controle – Gráfico com linhas limites (limite superior, limite inferior e limite médio) cujo objetivo é mostrar o intervalo aceitável da qualidade. É bastante útil para detectar situações anormais em processos-padrão de manufatura.

7 Histograma – Recurso gráfico composto por diagrama de colunas ou barras que mostra com que frequência os dados caem dentro de intervalos de valores especificados. A construção dele tem por finalidade identificar anormalidades no processo, e uma das vantagens é verificar a existência ou ausência de simetria do processo em relação à média. Um histograma representa um gráfico que mostra a dispersão dos dados, e a partir dele podemos analisar as características dos dados e a causa da dispersão. Esse recurso é normalmente utilizado em análises para estratificação, com vistas a criar hipóteses a respeito das causas de ocorrência de defeitos.

Com a análise e a compreensão do controle da Qualidade Total, finalizamos o Capítulo 1. Podemos avançar para o próximo, no qual faremos uma breve análise das ferramentas da qualidade.

Para saber mais

Caso queira obter mais informações sobre controle da Qualidade Total, vale a pena pesquisar os seguintes livros:

BALLESTERO-ALVAREZ, M. E. **Gestão de qualidade, produção e operações**. 2. ed. São Paulo: Atlas, 2012.

CARPINETTI, L. C. R. **Gestão de qualidade**: conceitos e técnicas. 2. ed. São Paulo: Atlas, 2012.

CARVALHO, M. M. de; PALADINI, E. P. (Coord.). **Gestão da qualidade**: gestão e métodos. 2. ed. Rio de Janeiro: Campus, 2012.

CIERCO, A. A. et al. **Gestão da qualidade**. 10. ed. Rio de Janeiro: Ed. da FGV, 2010. (Série Gestão Empresarial)

PALADINI, E. P. **Gestão da qualidade no processo**: a qualidade na produção de bens e serviços. São Paulo: Atlas, 1995.

PALADINI, E. P. **Gestão estratégica da qualidade**: princípios, métodos e processos. 2. ed. São Paulo: Atlas, 2009.

PALADINI, E. P. **Gestão da qualidade**: teoria e prática. 3. ed. São Paulo: Atlas, 2012.

TOLEDO, J. C. de. *et al.* **Qualidade**: gestão e métodos. Rio de Janeiro: LTC, 2012.

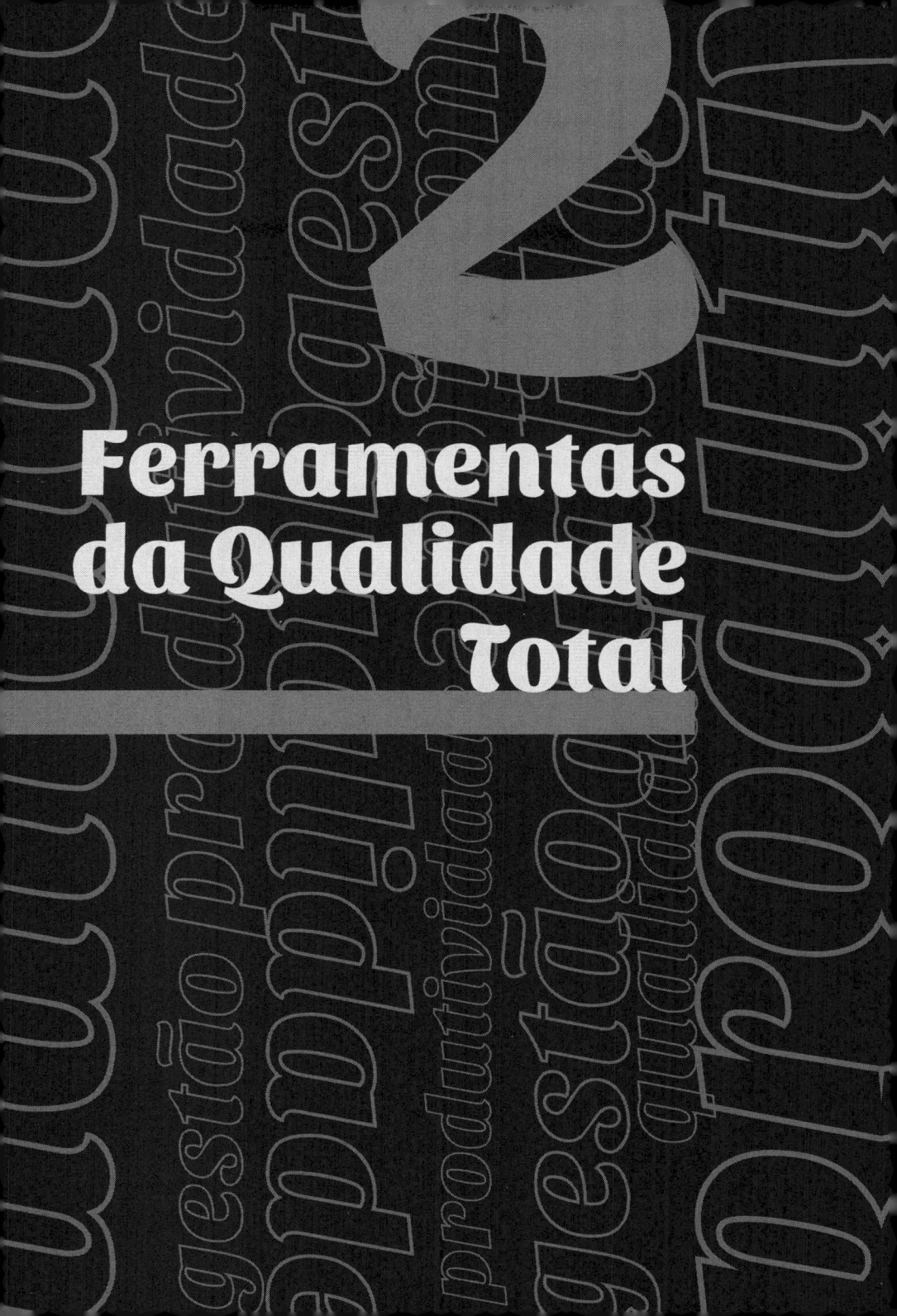

2 Ferramentas da Qualidade Total

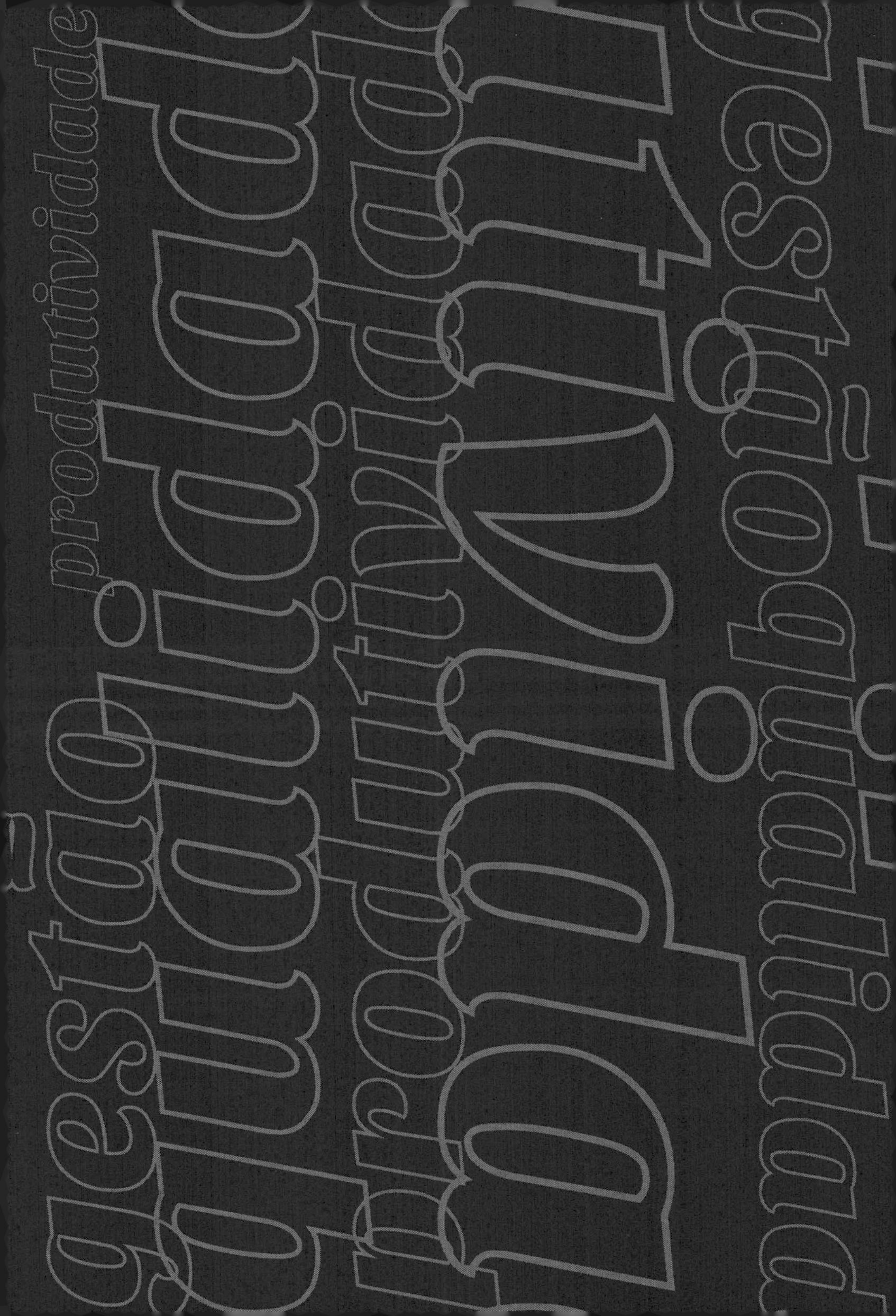
produtividade

Ferramentas da Qualidade Total

Alexandre Shigunov Neto

O objetivo deste capítulo é apresentar algumas considerações importantes e necessárias sobre as ferramentas da Qualidade Total. Podemos encontrar inúmeras delas utilizadas para a obtenção da Qualidade Total. Nesse sentido, propomos uma divisão didática dos temas, a saber:

- Ferramentas básicas;
- Ferramentas intermediárias;
- Ferramentas avançadas.

2.1 Ferramentas básicas

São técnicas e métodos simples utilizados no primeiro momento da implantação da Qualidade Total e que visam conscientizar toda a empresa e fazer que haja envolvimento e comprometimento com essa filosofia.

Entre as ferramentas básicas podemos destacar o *kaizen* e o 5S.

Kaizen

A metodologia *kaizen* apresenta às empresas, independentemente de tamanho e natureza, uma visão de aperfeiçoamento contínuo, perseguição a desperdícios, eliminação de atividades que não agregam valor, movimentos desnecessários e perdas. Desenvolvida pela Toyota na década de 1960, surgiu em decorrência da necessidade de acompanhar a evolução da indústria automobilística.

Ao contrário da reengenharia (que é a mudança total com quebra de paradigmas), *kaizen* é um processo de aperfeiçoamento contínuo em que não é requerida a redefinição do processo atual, basta otimizá-lo. É uma abordagem sistêmica que assegura a constância dos processos da empresa na busca pela excelência no atendimento às necessidades do usuário tanto interno como externo. Pode ser aplicado como sequência dos projetos de reengenharia, a fim de assegurar a continuidade dos propósitos mapeados nos processos devidamente modificados.

Kaizen é sinônimo de melhoria e deve ser praticado por todos, em toda a empresa – alta administração, gerentes e operários. Também parte de um processo já existente e o aprimora. Vale destacarmos ainda que começa a produzir efeitos em curto prazo, pois sua abordagem se concentra em atividades simples. Trata-se, enfim, de uma metodologia de adaptação e constante evolução e melhoria dos processos e das atividades existentes. Sua utilização e eficiência residem no fato de não exigirem grandes mudanças de comportamento e de cultura organizacional.

5S: os cinco sensos da qualidade

A palavra *senso* deriva do latim *sensus* e significa a faculdade de apreciar, julgar (Houaiss; Villar, 2009). Usualmente apresenta a denotação popular de valor moral, intrínseco a uma pessoa. O 5S é uma ferramenta básica da qualidade, mas também pode ser considerada um processo educacional de conscientização da Qualidade Total, pois trabalha-se essencialmente com educação e conscientização. Dessa forma, trata-se de um processo simples, mas que produz resultados contínuos e duradouros. Apresenta uma dimensão educativa, pois envolve mudanças de hábitos e comportamentos; entretanto, é necessária a participação e o envolvimento de todos os membros da organização para que apresente os resultados esperados.

João Martins da Silva (1996, p. 22) conclui que

> há uma certa tendência em se interpretar o 5S como uma simples ferramenta para o "housekeeping", ou "manutenção da casa", num sentido muito físico. Portanto, para aquelas pessoas que tiverem do

Ferramentas da Qualidade Total

Alexandre Shigunov Neto

> 5S apenas uma visão restrita, ligada a arrumação e limpeza, é preciso que fique claro: o que importa é o ambiente da qualidade, no qual as pessoas tenham um senso de qualidade. Portanto, deve-se superar o apego dogmático ao 5S, qualquer que seja a sua interpretação, e concentrar-se na construção do ambiente no qual se trabalhe e se produza com qualidade.

No Japão, o programa 5S foi formalmente implantado no âmbito organizacional no início da década de 1950, mas informalmente já era adotado havia muito tempo. No pós-Guerra, as indústrias japonesas, destruídas e arrasadas, aderiram a essa prática com a intenção de reestruturar sua economia, visando principalmente: evitar o desperdício e a quebra de equipamentos pelo mau uso; prevenir paradas inesperadas, estimulando a manutenção preventiva; combater todas as formas de poluição; reduzir o risco de acidentes; melhorar a qualidade dos produtos e dos serviços; estabelecer uma relação positiva entre empresa e trabalhador; promover a saúde mental e física dos trabalhadores e mais qualidade de vida para todos.

O programa começou a ser utilizado no Brasil a partir da década de 1970 em empresas como Petrobras, Volkswagen, Ford e General Motors, ou seja, organizações de grande porte que precisavam se preocupar com a Qualidade Total. Aos poucos, essa cultura começou a se ampliar para outras e, a partir da década de 1990, os órgãos públicos descobriram a importância da ferramenta para melhorar o trabalho e o relacionamento entre seus usuários.

Silva (1996, p. 34) ressalta que

> o 5S é simples, mas um famoso escritor já disse: "ser simples é a coisa mais difícil do mundo". O 5S é profundo, pois a sua prática pode resultar em mudanças na maneira de se perceber o trabalho e realçar a responsabilidade de cada um na criação da qualidade de vida. Ele é fácil de começar, difícil de manter mas, sobretudo, é

altamente organizador, mobilizador e transformador do potencial humano latente nas organizações.

As cinco palavras que constituem o 5S (ilustradas na Figura 2.1) são de origem japonesa:

Seiri (senso da utilização) – Propõe a máxima utilização possível dos recursos disponíveis com bom senso e equilíbrio, evitando ociosidade e carências.

Seiton (senso da ordenação) – Prevê dispor os recursos de forma sistemática e estabelecer um excelente sistema de comunicação visual para rápido acesso a eles. O senso da utilização e o da ordenação por sua proximidade, podem ser constituídos como um único conceito.

Seisou (senso da limpeza) – Preconiza praticar a limpeza de maneira habitual e rotineira e, sobretudo, não sujar.

Seiketsu (senso da saúde) – Prega a manutenção das concições de trabalho físicas e mentais favoráveis à saúde do trabalhador.

Shitsuke (senso da autodisciplina) – Estabelece que todas as pessoas devem ser comprometidas e envolvidas com o cumprimento de padrões técnicos e éticos e com a melhoria contínua em nível pessoal e organizacional.

Ferramentas da Qualidade Total

Alexandre Shigunov Neto

Figura 2.1 – Os cinco sensos da qualidade

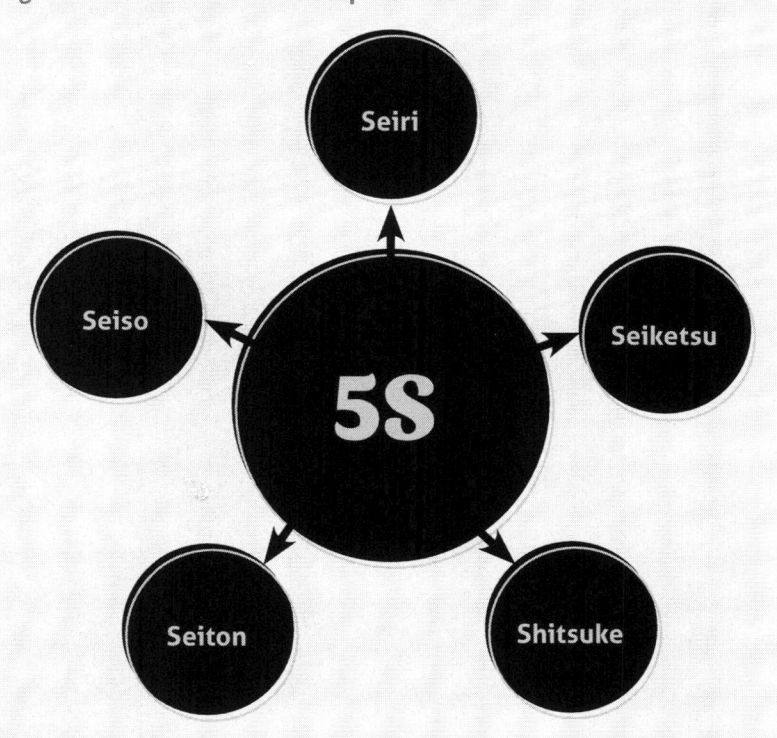

[Diagrama 5S com: Seiri, Seiketsu, Shitsuke, Seiton, Seiso]

Fonte: Adaptado de Bitencourt, 2010.

O objetivo do 5S é proporcionar, por meio da educação, melhores condições de trabalho e criar o ambiente da qualidade. Em outras palavras, visa proporcionar condições favoráveis para o aprimoramento da qualidade.

Iniciando-se a abordagem sobre o 5S (ou cinco sensos), mas ainda considerando-se o conceito do *kaizen*, podemos avaliar que se trata de uma ferramenta para a melhoria contínua nas organizações. São os 6S – os cinco conhecidos mais o *Shukan*, resultando na seguinte conformação:

Direcionados para os materiais:

- *Seiri* – Utilização;
- *Seiton* – Ordenação;
- *Seisou* – Limpeza;
- *Seiketsu* – Conservação.

Direcionados para as pessoas:

- *Shitsuke* – Aprendizagem das coisas corretas;
- *Shukan* – Hábito com as coisas corretas – criar rotina de revisão.

2.2 Ferramentas intermediárias

Trata-se de técnicas e métodos um pouco mais complexos e que necessariamente dependem do envolvimento e do compromisso de todos os membros da organização, pois, caso contrário, não alcançarão o resultado esperado. Entre elas, podemos destacar: o controle estatístico de processos (CEP), o *Just-in-Time* (JIT) e as Normas ISO 9000 e ISO 14000

Ferramentas da Qualidade Total

Alexandre Shigunov Neto

Controle estatístico de processos (CEP)

O CEP consiste na utilização de técnicas estatísticas para análise e interpretação de dados que visam aprimorar o controle da qualidade. Esses recursos permitem que os processos sejam monitorados contínua e permanentemente, de modo a possibilitar uma atitude imediata logo após a detecção dos problemas. O CEP apresenta como objeto de estudo o controle da qualidade, consistindo na coleta, a análise e a interpretação de dados para utilização nas atividades de melhoria e controle da qualidade de produtos e serviços.

A utilização do controle estatístico teve início em 1924 na Bell Telephone Laboratories com Walter Shewhart, considerado o "pai" do controle estatístico da qualidade. Em 1946, foi criada a American Society for Quality Control (ASQC), que promoveu a utilização do CEP em todos os tipos de operações de bens e serviços. Em 1950, William Edwards Deming iniciou diversas conferências sobre métodos estatísticos para engenheiros japoneses e continuou quatro anos mais tarde com Joseph Moses Juran. Em 1960, foi formado o primeiro círculo de controle de qualidade por Kaoru Ishikawa, e a partir dos anos de 1970 e 1980 os americanos começaram a se apropriar desses princípios, até então somente difundidos no Japão.

O objetivo do CEP é aprimorar e controlar o processo produtivo por meio da identificação das diferentes fontes de variabilidade dele. É implantado por meio de um ciclo em que se coletam dados do processo, monitora-se a situação (verificando se permanece sob controle estatístico) e posteriormente realizam-se análises e propostas de melhorias com vistas a atingir patamares melhores de desempenho.

Para Nigel Slack et al. (2002), o CEP se preocupa com a verificação de um produto ou serviço durante a criação dele. Dessa forma, se houver razões para acreditar que existem problemas com o processo, ele pode ser interrompido (onde for possível e adequado), e os problemas, identificados e retificados.

Just-in-Time (JIT)

Just-in-Time (JIT), traduzido para o português, significa "apenas-a-tempo" (AAT) e é considerado uma técnica de gerenciamento da produção. Existem muitas frases e termos para descrevê-lo, como:

- manufatura enxuta;
- manufatura de fluxo contínuo;
- manufatura de alto valor agregado;
- produção sem estoque;
- guerra ao desperdício;
- manufatura veloz;
- manufatura de tempo de ciclo reduzido.

Segundo Voss e Robinson (1987), o JIT é uma abordagem disciplinada que visa aprimorar a produtividade global e eliminar os desperdícios. Possibilita a produção eficaz em termos de custo, assim como o fornecimento da quantidade exata, no momento e local adequados, utilizando o mínimo de instalações, equipamentos, materiais e recursos humanos. Esse método é dependente do balanço entre a flexibilidade do fornecedor e a do usuário, alcançado por meio da aplicação de elementos que requerem envolvimento total dos funcionários e trabalho em equipe. Uma filosofia-chave é a simplificação.

Podemos situar o surgimento do JIT em meados da década de 1950, no Japão, e sua história se confunde com o sistema de produção da Toyota, que, naquele momento histórico, implementou um modelo de gerenciamento da produção coordenado com a demanda do mercado. Portanto, o JIT, é uma técnica de gestão da produção cujo objetivo é racionalizar os recursos da produção por meio do princípio de que o mercado "puxa" a produção, ou seja, é produzido apenas o que o mercado vai absorver naquele instante.

Entre os benefícios do JIT, podemos citar:

- redução de custos de produção e de estoques;
- aumento da qualidade;
- aumento da produtividade e da flexibilidade;
- melhoria do desempenho organizacional;
- redução do *lead time* (período compreendido entre o início e o fim de uma atividade produtiva);
- redução no tamanho dos lotes de compra de matéria-prima;
- redução dos tempos de *setup* (tempo de organização);
- desenvolvimento de manutenção preventiva;
- melhoria contínua da produção e dos processos;
- desenvolvimento de fornecedores.

Entretanto, é preciso estarmos atentos para o fato de que a implantação do JIT em substituição ao sistema tradicional de produção implica necessariamente transformações e adaptações nas áreas de produção, compras, logística, vendas, distribuição e atendimento aos clientes. Além disso, os fornecedores da empresa também devem necessariamente estar integrados e comprometidos com a "nova" técnica.

ISO 9000

A Organização Internacional de Normalização (em inglês, International Organization Standardization – ISO) é uma federação mundial, privada e sem fins lucrativos, integrada por organismos nacionais de normalização e com um representante por país. Com sede em Genebra (Suíça), sua criação remonta ao ano de 1947; a instituição conta atualmente com 131 membros, dos quais 90 participantes, 32 correspondentes e 9 subscritos. A Associação Brasileira de Normas Técnicas (ABNT) é membro fundador da ISO e a representante da organização no Brasil.

Fique ligado!

A Associação Brasileira de Normas Técnicas (ABNT) é o Foro Nacional de Normalização por reconhecimento da sociedade brasileira desde a sua fundação, em 28 de setembro de 1940, e confirmado pelo governo federal por meio de diversos instrumentos legais. Entidade privada e sem fins lucrativos, a associação é membro fundador da International Organization for Standardization (Organização Internacional de Normalização – ISO), da Comisión Panamericana de Normas Técnicas (Comissão Pan-Americana de Normas Técnicas – Copant) e da Asociación Mercosur de Normalización (Associação Mercosul de Normalização – AMN). Desde sua criação, é também membro da International Electrotechnical Commission (Comissão Eletrotécnica Internacional – IEC).

A ABNT é responsável pela publicação das Normas Brasileiras (ABNT NBR), elaboradas por seus Comitês Brasileiros (ABNT/CB), Organismos de Normalização Setorial (ABNT/ONS) e Comissões de Estudo Especiais (ABNT/CEE). Desde 1950, atua também na avaliação da conformidade e dispõe de programas para certificação de produtos, sistemas e rotulagem ambiental. Essa atividade está fundamentada em guias e princípios técnicos internacionalmente aceitos e alicerçada em uma estrutura técnica e de auditores multidisciplinares, garantindo credibilidade, ética e reconhecimento dos serviços prestados.

Como vimos anteriormente, o conceito de *qualidade* visa ao atendimento, como requisito mínimo, das especificações dos clientes. No entanto, para que as empresas possam atender a essas especificações – e muitas vezes tentar superá-las, produzindo com qualidade –, torna-se necessário gerenciar todos os processos. Em vista desse conceito e considerando

Ferramentas da Qualidade Total

Alexandre Shigunov Neto

que vivemos em um mercado cada vez mais globalizado e competitivo, Subhash Puri (1994) constata que é preciso encontrar um consenso mundial que permita a padronização dos procedimentos e que estes sejam aceitos por todos. Assim, a ISO, por meio do Comitê Técnico (ISO/TC 176), iniciou, em 1976, estudos comparativos das diversas formas de sistemas da garantia da qualidade, principalmente as europeias e norte-americanas (Reis, 1995).

Em 1987, com o apoio de 147 países-membros, a ISO colocou em vigor os próprios manuais de avaliação do sistema da qualidade, chamados *Normas Internacionais ISO 9000*, compostas pelas normas ISO 9000, ISO 9001, ISO 9002, ISO 9003 e ISO 9004, que sintetizavam diversas normas nacionais já existentes e regulamentavam as relações entre fornecedores e compradores. As Normas ISO 9000 tiveram adesão de alguns países, especialmente os da União Europeia, para credenciar fornecedores internacionais. Assim, esses países adotaram procedimentos de qualificação dos fornecedores de outros, a fim de garantir a qualidade dos produtos importados. A inspeção da adoção das Normas ISO é feita por empresas e escritórios internacionais de credenciamento, que são contratados e têm delegação para fornecer os certificados de conformidade.

Segundo Juran (1990), a primeira tentativa de normatizar a qualidade se deu nos Estados Unidos da América (EUA), durante a Segunda Guerra Mundial, e teve como resultado a Military Standard 9858 (MILSTD9858), uma especificação de um sistema da qualidade, e a MILSTD45208, que descreve os requisitos de um sistema de inspeção. As duas normas formaram a base de uma série de outras destinadas ao uso da Organização do Tratado do Atlântico Norte (Otan) e que são conhecidas como *Publicações Aliadas para a Garantia da Qualidade números* 1, 4 e 9 (Aqap).

Embora fosse um país-membro da Otan, o Reino Unido não aceitou as AQAP e criou uma série de normas análogas conhecidas como *Normas de Defesa (Defense Standards)*. A evolução das normas continuou, até que em 1979 foi publicada na Grã-Bretanha a primeira edição da Norma BS 5750, baseada nas AQAP 1, 4 e 9 e que serviu como ponto de partida para as Normas Internacionais série ISO 9000.

De acordo com o portal da ABNT, até 2002, mais de 560 mil certificados ISO 9000 foram concedidos mundialmente para empresas em diversos campos de atuação. Por ser o certificado mais utilizado, as companhias possuem pouco conhecimento dos outros componentes da família ISO 9000.

No Brasil, a ISO 9000 já foi obtida por um total de 5.276 empresas, de acordo com os dados mais recentes do Instituto Nacional de Metrologia, Normalização e Qualidade Industrial (Inmetro), e um número cada vez maior de companhias, ainda hoje, procura se adaptar a essas normas.

Em vez de criar os próprios manuais de avaliação de fornecedores, algumas grandes corporações preferem usar as normas ISO. Isso se explica pelo fato de que as

> Normas Internacionais ISO 9000 são contratuais, isto é, aplicáveis em situações contratuais que exijam demonstração de que a empresa fornecedora é administrada com qualidade. Por outras palavras, poderíamos dizer que elas visam dar garantia ao cliente/consumidor de que a empresa fabricante/fornecedora possui um Sistema da Garantia da Qualidade em pleno funcionamento, assegurando assim a qualidade do produto/serviço. (Reis, 1995, p. 66)

Toda empresa com intenções de implementar um sistema da qualidade o faz com base em algum motivo, que pode ter origem interna ou externa. A externa advém do crescente nível de exigência para que as organizações que exportam ou pretendem fazê-lo adequem os sistemas de garantia da qualidade às normas ISO 9000. As organizações que fornecem produtos/serviços para empresas estatais ou multinacionais estão sendo cada vez mais pressionadas a ter seu sistema de garantia da qualidade em conformidade com essas normas. As situadas na ponta da cadeia de fornecimento e sujeitas à implementação da ISO exercem demandas cada vez maiores

Ferramentas da Qualidade Total

Alexandre Shigunov Neto

no sentido da adequação de toda a cadeia produtiva para adoção de sistemas de garantia.

A origem interna pode estar associada à melhoria do próprio sistema de gerenciamento, pois um sistema da qualidade proporciona uma ferramenta gerencial adicional para aumentar cada vez mais a eficiência e a eficácia dos serviços, além de outros benefícios como:

- definição clara das responsabilidades e as autoridades de cada função bem estabelecidas;
- redução de custos, por intermédio de maior eficiência, e redução da não qualidade, o que aumenta a competitividade e a participação no mercado;
- capacitação dos colaboradores para o exercício de suas funções estruturadas a partir de seleção, treinamento sistemático e avaliação do desempenho;
- facilidade em identificar os problemas antes que eles causem maiores consequências;
- documentação do sistema da qualidade que permite que seja promovida integração mais rápida e completa de novos colaboradores e maior independência dos conhecimentos individuais;
- ferramentas para diferenciar os produtos no mercado com reflexos positivos sobre a imagem da organização.

A característica mais marcante da ISO 9000 no gerenciamento não é apenas fornecer automaticamente controles para assegurar a qualidade de produção e expedição, mas também reduzir o desperdício, o tempo de paralisação das máquinas e a ineficiência da mão de obra, provocando, consequentemente, o aumento da produtividade.

A norma brasileira NBR 9000 (correspondente à norma internacional ISO 9000) apresenta a seguinte informação em sua introdução:

> Um dos principais fatores no desempenho de uma organização é a qualidade dos seus produtos e serviços. Existe uma tendência mundial no sentido do aumento das expectativas do consumidor em relação à qualidade. Acompanhando esta tendência, houve uma crescente tomada de consciência de que melhorias contínuas na qualidade são frequentemente necessárias para atingir e assegurar um bom desempenho econômico. A maioria das organizações – industriais, comerciais ou governamentais – produzem produtos ou serviços destinados a atender as necessidades ou requisitos de um usuário. Tais especificações; no entanto, especificações técnicas podem não garantir, em si mesmas, que os requisitos de um consumidor seja consistentemente atendidos, caso existam deficiências nas especificações ou no sistema organizacional para projetar e produzir o produto ou serviço. Consequentemente, isso tem levado ao desenvolvimento de normas para sistemas da qualidade e diretrizes que complementam os requisitos específicos de produtos ou serviços apresentados nas especificações técnicas. (ABNT, 2015a)

A obtenção de um sistema de qualidade segundo a norma ISO 9000 exige certo formalismo dos procedimentos em vigor na empresa. Um resultado natural da preparação deveria ser uma melhoria dos processos atuais, entretanto, muitas organizações se preocupam somente com a certificação, perdendo chances de obter os verdadeiros ganhos que a abordagem da qualidade fornece. Em muitos casos, os programas de qualidade não têm levado a melhorias nos resultados econômicos; em outros casos, as empresas não sabem se estão ou o quanto estão ganhando com a implantação dos

Ferramentas da Qualidade Total

Alexandre Shigunov Neto

programas de qualidade. Nesse sentido, Eliza Coral (1996) cita os exemplos de empresas como Federal Express, Cadillac e Motorola, que fizeram investimentos elevadíssimos em programas de qualidade que fracassaram por inexistir um gerenciamento de custos apropriado para acompanhamento das mudanças nos processos existentes.

Em sua essência, a ISO 9000 é uma norma que visa, além da obtenção de certificados e padronização de procedimentos, estabelecer critérios para um adequado gerenciamento do negócio tendo como foco principal a satisfação do cliente e consumidor. Para isso, algumas ações podem ser seguidas, dentre as quais podemos destacar:

- comprometimento total da empresa com a qualidade (considerando qualidade como satisfação do cliente), desde os níveis mais elevados até os operadores;
- gerenciamento adequado dos recursos humanos e dos materiais necessários para as operações do negócio;
- procedimentos, instruções e registros de trabalho formalizando todas as atividades que afetam a qualidade;
- monitoramento dos processos por meio de indicadores e tomada de ações quando os objetivos preestabelecidos não são alcançados.

Para Greg Hutchins (1994), as normas são facilmente utilizadas se a companhia já conta com um programa para a qualidade. Os termos e conceitos ISO para a qualidade são elementares e amplamente aceitos no universo da qualidade. Sendo assim, o autor complementa que durante o processo de utilização das normas, a empresa desenvolverá autodisciplina interna e maior compreensão dos objetivos e dos benefícios da gestão da qualidade.

Podemos afirmar que o sistema da qualidade ISO 9000 é composto basicamente nos seguintes pontos:

a) Normas organizadas com base nos requisitos de qualidade apresentados pelo comprador ao fornecedor, isto é, oriundas das necessidades dos compradores.

b) Normas do sistema da qualidade nas quais se constrói o próprio sistema da qualidade, efetua-se a documentação (padronização) e se exige a sua execução. Desse modo, o objeto direto não é o produto em si, e sim o processo.

c) Manutenção do próprio sistema da qualidade que exige a execução de auditoria interna e sua comprovação mediante registros e documentos.

Massao Umeda (1996) acrescenta que, para que receba o certificado, é necessário que a empresa tenha um sistema de auditoria e registro fundamentado nas seguintes etapas:

a) Um órgão reconhecido publicamente examina a empresa, colocando-se no lugar do comprador, verificando se o sistema da qualidade está de acordo com as normas ISO. Se estiver, expede o certificado e torna pública a certificação por intermédio do registro da empresa.

b) Depois de aprovada pela auditoria, a empresa deverá se submeter a auditorias de manutenção e auditorias de renovação.

c) Se o sistema da qualidade não estiver sendo mantido ou quando a empresa não cumprir os itens da norma, o registro será cancelado.

Passos para a implantação de um sistema de qualidade

Conforme Maurício Reis (1995), são vários os passos que uma organização deve cumprir para adaptar seu sistema de qualidade ao exigido pela Norma Internacional ISO 9000. Entre eles, destacam-se:

Ferramentas da Qualidade Total

Alexandre Shigunov Neto

a) conscientização da alta administração da empresa a respeito da importância da qualidade;

b) escolha da norma ISO 9000 mais adequada às necessidades da organização;

c) estabelecimento de uma política da qualidade e os princípios que pretende seguir;

d) criação de uma estrutura independente para gerenciar a qualidade com grupos de ação e grupos de controle;

e) investimento no treinamento e na motivação dos funcionários;

f) definição das áreas que serão trabalhadas, adequando-as aos requisitos da norma internacional selecionada;

g) avaliação do estágio atual do sistema da qualidade da empresa comparativamente à norma internacional escolhida para a certificação;

h) quantificação dos custos da qualidade;

i) preparação dos planos de ação e executá-los;

j) atuação, em primeiro lugar, nas áreas com custos da não qualidade elevados;

k) correção dos pontos mais fracos na comparação com os requisitos exigidos pela norma ISO 9000 escolhida;

l) implementação do controle estatístico dos processos (CEP) para geração de dados;

m) elaboração do manual da qualidade e dos manuais de procedimentos, com o máximo envolvimento dos funcionários;

n) implantação do sistema;

o) criação de auditorias internas da qualidade para acompanhamento e correção da evolução do sistema da qualidade;

p) contratação de empresa certificadora reconhecida para realização da auditoria final de certificação e emissão do certificado da ISO 9000.

Umeda (1996) corrobora as premissas de Reis (1995) em muitos aspectos, porém complementa com alguns requisitos necessários ao sistema da qualidade:

Responsabilidade da administração – Informar que a política da qualidade e os objetivos devem estar definidos, documentados e ser compreendidos em todos os níveis da organização.

Sistema da qualidade – Requer um sistema documentado a fim de assegurar que o produto esteja em conformidade com os requisitos especificados anteriormente.

Análise crítica do contrato – Devem ser estabelecidos e mantidos procedimentos para tal análise.

Controle do projeto – Demanda controle e verificação com o objetivo de assegurar que os requisitos especificados sejam atingidos.

Controle de documentos – Devem existir controles de todos os documentos que digam respeito aos requisitos da norma durante aprovação, emissão, alterações e modificações.

Aquisição – Para aquisição de componentes, matérias-primas e outros produtos, é preciso que eles também estejam em conformidade com os requisitos especificados.

Ferramentas da Qualidade Total

Alexandre Shigunov Neto

Produto fornecido pelo comprador – Requer procedimentos para verificação, armazenamento e manutenção.

Identificação e rastreabilidade do produto – Exigem procedimentos para a identificação do produto durante os estágios de produção, expedição e instalação. Os produtos individuais ou em lotes devem ter uma única identificação, para facilitar a rastreabilidade.

Controle do processo – Demanda procedimentos para assegurar que os processos de produção e instalação estejam sob condições controladas que incluem documentação, monitoramento, controle do processo desejado e características do produto, além do uso de equipamento aprovado e critérios para manuseio.

Inspeção e ensaios – Informa que os procedimentos para a inspeção de recebimento, processo produtivo e testes finais precisam ser realizados de acordo com o documentado no plano de qualidade e devem incluir a manutenção dos registros e a disposição do produto.

Equipamentos de inspeção, medição e ensaios – Devem ser fixados procedimentos para seleção, controle, calibração e manutenção de todos os equipamentos que influenciem a qualidade.

Situação da inspeção e dos ensaios – Requer marcações afixadas ao longo da produção e instalação para demonstrar conformidade ou não nas inspeções e nos ensaios.

Controle do produto não conforme – O produto nessas condições deve ser controlado visando assegurar que não seja usado inadvertidamente.

- **Ações corretivas** – Devem ser utilizadas para identificação das causas da não conformidade, criando controles para prevenir futuras reincidências.
- **Manuseio, armazenamento, embalagem e expedição** – Devem ser utilizados procedimentos específicos visando ao manuseio, ao armazenamento, à embalagem e à expedição para que não ocorra nenhum dano ao produto enquanto passar por essas fases.
- **Registros da qualidade** – São necessários procedimentos com o objetivo de identificar, coletar, indexar, arquivar e armazenar os registros da qualidade.
- **Auditorias internas da qualidade** – Requerem um sistema periódico de auditorias internas para verificar e determinar a efetividade do sistema da qualidade; podem ser realizadas sem aviso prévio aos procedimentos e às pessoas que serão auditados.
- **Treinamento** – Requer procedimentos para identificar as necessidades de treinamento e providenciá-lo para todo o pessoal que executa atividades que influem na qualidade.
- **Assistência técnica** – Requer procedimentos para a execução e a verificação da assistência técnica conforme requerido pelo contrato dos equipamentos.
- **Técnicas estatísticas** – Devem ser utilizados procedimentos visando à identificação de técnicas estatísticas adequadas requeridas para verificação da capacidade dos processos e das características do produto.

Ferramentas da Qualidade Total

Alexandre Shigunov Neto

ISO 9001:2008

A ISO 9001:2008 é a quarta edição das normas da qualidade e foi publicada em 1987, 1994 e dezembro de 2000. É importante destacarmos que essa norma foi cancelada em 30 de outubro de 2015 e substituída pela ISO 9001:2015. A Tabela 2.1 apresenta algumas das normas e dos guias da série Norma ISO 9000.

Quadro 2.1 – Lista de normas e guias da série NBR ISO 9000

Norma	Descrição	Ano
NBR ISO 9000	Sistemas de Gestão da Qualidade – Fundamentos e vocabulário	2015
NBR ISO 9001	Sistema de Gestão da Qualidade – Requisitos	2015
NBR ISO 9004	Sistema de Gestão da Qualidade – Diretrizes para melhoria de desempenho	2010
NBR ISO 10005	Gestão da Qualidade – Diretrizes para planos da qualidade	2007
NBR ISO 10006	Gestão da Qualidade – Diretrizes para a qualidade no gerenciamento de projetos	2006
NBR ISO 10007	Gestão da Qualidade – Diretrizes para a gestão da configuração	2005
NBR ISO 10015	Gestão da Qualidade – Diretrizes para treinamento	2001
NBR ISO 19011	Diretrizes para auditorias de sistema de gestão da qualidade e/ou ambiental	2012
NBR ISO 10002	Gestão da qualidade – Satisfação de clientes – Diretrizes para o tratamento de reclamações nas organizações	2005

Fonte: Adaptado de Carpinetti; Gerolamo; Miguel, 2010.

Qual é a diferença entre as normas ISO 9000?

A Norma ISO 9000:2015 apresenta os termos usados e também os fundamentos e os princípios de gestão do sistema.

A Norma ISO 9001:2015 é a principal, pois apresenta os requisitos de gestão da qualidade e visa tornar a organização apta a ser certificada segundo os padrões e os requisitos definidos.

A Norma ISO 9004:2010 estabelece as diretrizes para a implantação da Norma ISO 9001:2015, ou seja, explica detalhadamente os requisitos de gestão da qualidade necessários para que a organização consiga a certificação.

As revisões das normas normalmente são feitas com base em dados coletados mundialmente para compreender as necessidades e a experiência dos usuários com sistemas de gestão da qualidade genéricos, refletindo assim, na nova norma, diretrizes para que as empresas realizem as atividades de seus negócios. A norma foi revisada e renumerada, e está estruturada para examinar mais atentamente o funcionamento dos negócios.

> Deve-se observar que a revisão de 2000 da norma introduziu grandes modificações no sistema da qualidade e no conjunto de normas da série ISO 9000. Primeiramente, o sistema da qualidade foi amplamente revisto, tendo como base os princípios da gestão da qualidade total, dando maior importância ao comprometimento da alta administração para a gestão da qualidade, à gestão de recursos humanos e à gestão da melhoria contínua do sistema, fundamentais para a garantia da qualidade na realização do produto. Esses princípios da qualidade se mantêm para a versão 2008. (Carpinetti; Gerolamo, Miguel, 2010, p. 10)

Ferramentas da Qualidade Total

Alexandre Shigunov Neto

A melhor abordagem aos critérios da ISO 9001:2000 é considerar a organização como um sistema. Para entender isso, a alta direção deve fazer uma distinção entre o pensamento baseado no "comando e controle" – muito utilizado na era de Taylor – e aquele focado no sistema empresarial, que recorre a uma abordagem holística de toda a organização.

Para Matt Seaver (1998), as sete maiores melhorias necessárias, segundo os dados coletados com usuários da norma citada, foram:

a) linguagem e terminologia mais simples;

b) facilidade de integração com outros sistemas de gestão;

c) melhoria contínua;

d) uso da abordagem de modelo de processo para a gestão da qualidade;

e) melhor compatibilidade com a ISO 14000;

f) ênfase na satisfação do cliente;

g) maior orientação para os negócios.

Para Carpinetti, Gerolamo e Miguel (2010), a revisão da norma da qualidade traz uma evolução do objetivo principal do padrão estabelecido, passando de uma função de "garantia" para "gestão". Essa mudança faz com que a visão e o foco da norma tomem um novo rumo, mais próximo do que se prega hoje em dia em termos de gestão da qualidade: a proximidade e a transparência com o cliente.

ISO 14000

A preocupação com o meio ambiente tomou dimensões expressivas, principalmente na última década do século XX e no início do século XXI, incorporando-se à agenda de toda a sociedade, no âmbito geral, e do empresariado mundial, de forma específica. Tal preocupação com a qualidade ambiental se manifesta pela conscientização da humanidade a respeito da escassez de recursos naturais e pelo repúdio de uma parcela ainda pequena de consumidores, mas que aumenta gradativamente, pela aquisição de produtos e serviços que, ao longo de sua vida útil, implicam a degradação do meio ambiente.

A fusão de conhecimentos em meio ambiente, economia e ciência administrativa possibilitou a ampliação e a construção de "novos" modelos gerenciais, pautados em princípios que consideram os recursos naturais do planeta um capital. Nesse sentido, faz-se necessário que o administrador tome consciência de seu papel na sociedade e gerencie eficaz e eficientemente sua organização, utilizando esse novo capital de maneira racional e não permitindo sua degradação.

A implantação desses "novos" modelos gerenciais faz-se visível sob a forma de ações individuais e, ainda, isoladas de algumas empresas. Por intermédio da Certificação ISO 14000, visam conjugar objetivos divergentes no tripé da gestão ambiental: **preservação ambiental**, **desenvolvimento sustentável** e **benefícios organizacionais**. Portanto, a implementação de qualquer programa de qualidade e de gestão ambiental deve ser pautada no despertar dessa verdadeira preocupação das organizações com a dimensão ambiental, como uma atitude coerente, idônea e ética.

A ISO 14000 tem raízes históricas em dois sistemas: 1) padrão britânico 7750, pensado inicialmente para empresas britânicas; e 2) Eco-Management and Audit Scheme (Emas), um padrão voluntário que foi introduzido em vários países da União Europeia e posteriormente transformado em lei.

Ferramentas da Qualidade Total

Alexandre Shigunov Neto

Ambos têm um sistema de gerenciamento ambiental dividido em três seções, que cobrem **planejamento inicial**, **implementação** e **avaliação de objetivos**, mas restritos à Europa. O padrão internacional ISO 14000 permite que empresas de todo o mundo avaliem de maneira sistemática como os produtos, serviços e processos delas interagem com o meio ambiente.

A ISO 14000 contempla um agrupamento de normas técnicas, com base referencial em métodos e análises, capazes de garantir que determinado agente produtor de bens ou serviços utilize processos gerenciais e procedimentos específicos que visem à redução das possibilidades de danos ambientais. A ISO 14000 – Sistema de gestão ambiental – Requisitos com orientações de uso estabelece pontos para as empresas gerenciarem seus produtos e processos a fim de que eles não agridam o meio ambiente, que a comunidade não sofra com os resíduos gerados e que a sociedade seja amplamente beneficiada. Portanto, para a empresa obter um certificado ISO 14000, ou melhor, certificado ISO 14001, é necessário que atenda às seguintes exigências, conforme a ABNT (2015c):

Política ambiental

A direção da empresa deve elaborar uma política ambiental que represente seus produtos e serviços e que seja divulgada entre os funcionários e a comunidade. Precisa demonstrar que está comprometida com o cumprimento dessa política, deve obter o cumprimento legal e buscar o melhoramento contínuo do desempenho ambiental da empresa.

Aspectos ambientais

A organização precisa ter procedimentos que permitam identificar, conhecer, administrar e controlar os resíduos que gera durante o processamento e o uso do produto: emissões atmosféricas, efluentes líquidos e resíduos sólidos.

Exigências legais

A empresa precisa desenvolver uma sistemática para obter e ter acesso a todas as exigências legais pertinentes a sua atividade, as quais devem ficar claras à direção e ser conhecidas por todos os funcionários.

Objetivos e metas

A empresa deve criar objetivos e metas que estejam alinhados com o cumprimento da política ambiental definida, os quais precisam refletir os aspectos ambientais, os resíduos gerados e seus impactos ao meio ambiente. Também deve considerar exigências legais e outros aspectos inerentes ao próprio negócio.

Programa de gestão ambiental

A organização precisa ter um programa estruturado com responsáveis pela coordenação e pela implementação de ações que cumpram o estabelecido na política ambiental e as exigências legais, que atinjam os objetivos e as metas e que contemplem o desenvolvimento de novos produtos e novos processos. Esse programa deve também prever ações contingenciais associadas aos riscos envolvidos e aos respectivos planos emergenciais.

Estrutura organizacional e responsabilidade

O programa de gestão ambiental deve integrar as funções dos funcionários da empresa, por meio da descrição de cargos e funções relativas à questão ambiental.

A empresa deve contar com um organograma que demonstre que suas inter-relações estão bem definidas e comunicadas a todos os empregados. A direção é responsável por definir um ou mais profissionais para que sejam os representantes dos assuntos específicos da gestão ambiental.

Ferramentas da Qualidade Total

Alexandre Shigunov Neto

Conscientização e treinamento

O programa de gestão ambiental deve prover treinamento aos funcionários com atribuições na área ambiental, para que estejam conscientes da importância do cumprimento da política e dos objetivos do meio ambiente, das exigências legais e de outras definidas pela empresa.

Comunicação

A empresa deve dispor de uma sistemática para enviar e receber comunicados relativos às questões ambientais para os funcionários e a comunidade.

Documentação do sistema de gestão ambiental

A empresa precisa ter um manual do sistema de gestão ambiental que contenha as exigências ambientais da empresa.

Controle de documentos

A empresa deve manter um sistema parecido com o controle de documentos da ISO 9000, baseado em procedimentos para que todos os documentos sejam controlados e assinados pelos responsáveis, com acesso fácil aos interessados, para que se mantenham atualizados, identificados, legíveis e armazenados adequadamente.

Controle operacional

A organização precisa ter procedimentos para fazer inspeções e o controle dos aspectos ambientais, inclusive processos para manutenção e calibração dos equipamentos que fazem tais controles.

Situações de emergência

A empresa deve ter procedimentos para prevenir, investigar e responder a situações de emergência. Também precisa dispor de planos e funcionários treinados para atuar nessas circunstâncias.

Monitoramento e avaliação

A organização deve ter um programa para medir o desempenho ambiental por meio da inspeção das características de controle ambiental e calibração dos instrumentos de medição, a fim de que atendam aos objetivos e às metas estabelecidos.

Não conformidade, ações corretivas e ações preventivas

A empresa deve definir responsáveis com autoridade para investigar as causas das não conformidades ambientais e tomar as devidas ações corretivas e preventivas.

Registros

A organização precisa arquivar todos os resultados de auditorias e de análises críticas relativas às questões ambientais.

Auditoria do sistema da gestão ambiental

A organização precisa ter um programa de auditoria ambiental periódica, e os resultados devem ser documentados e apresentados à alta administração.

Análise crítica do Sistema de Gestão Ambiental

Com base nos resultados da auditoria, a organização deve fazer uma análise crítica do sistema de gestão ambiental e das devidas alterações, para que atenda às exigências do mercado, dos clientes, dos fornecedores e dos aspectos legais na busca da melhoria contínua.

Ferramentas da Qualidade Total

Alexandre Shigunov Neto

2.3 Ferramentas avançadas

As ferramentas avançadas consistem em técnicas e métodos complexos e que somente devem ser utilizados quando a qualidade já se tornou uma filosofia de gestão entre todos os membros da organização. Entre elas, podemos destacar: o *Quality Function Deployment* (QFD), o *benchmarking* e o Seis Sigma.

Quality Function Deployment (QFD)

O *Quality Function Deployment* (QFD), também conhecido no Brasil como *desdobramento da função qualidade*, é uma ferramenta avançada da gestão da qualidade total. Historicamente, podemos situar o surgimento desse recurso no fim da década de 1960, no Japão, quando era utilizado para o planejamento do desenvolvimento de produtos e tinha por base as necessidades dos clientes. No entanto, foi com o japonês Yoji Akao que o QFD começou a tomar grande impulso e ser difundido e utilizado como instrumento de apoio à gestão da produção e da Qualidade Total. Inicialmente, foi aplicado na indústria naval japonesa; uma década mais tarde, nos anos de 1970, começou a ser introduzido no setor automobilístico japonês por meio da Mitsubishi Motors; foi implementado nos EUA somente na década de 1980, onde a Ford e a Xerox foram as pioneiras.

Na literatura sobre essa metodologia, podemos encontrar diversas versões, entre as quais a matriz da qualidade (ou "casa da qualidade"). Seu objetivo principal é executar o projeto da qualidade de forma sistematizada com as exigências do cliente, com a qualidade planejada pela organização e suas correlações possíveis.

Para Luiz Cesar Ribeiro Carpinetti (2012), o processo que ocorre na matriz da qualidade pode ser visto como o conjunto das seguintes atividades:

- **s**istematização ou conversão dos requisitos exigidos pelos clientes;
- **t**ransformação dos requisitos exigidos pelos clientes em características da qualidade;
- **i**dentificação das relações entre requisitos e características da qualidade;
- **c**onversão dos pesos relativos dos requisitos em pesos relativos das características.

De acordo com Carpinetti, (2012, p. 106),

> O desdobramento da qualidade proposto pelo QFD é basicamente um processo de conversão de dados em requisitos, extração de características de produtos a partir de requisitos e relação entre requisitos e características. Esse processo de conversão, extração e relação decorre da construção de diagramas em árvores e matrizes de relacionamento.

Na Figura 2.3, podemos observar a matriz da qualidade e seus componentes principais.

Ferramentas da Qualidade Total

Alexandre Shigunov Neto

Figura 2.2 – Matriz da qualidade ou casa da qualidade

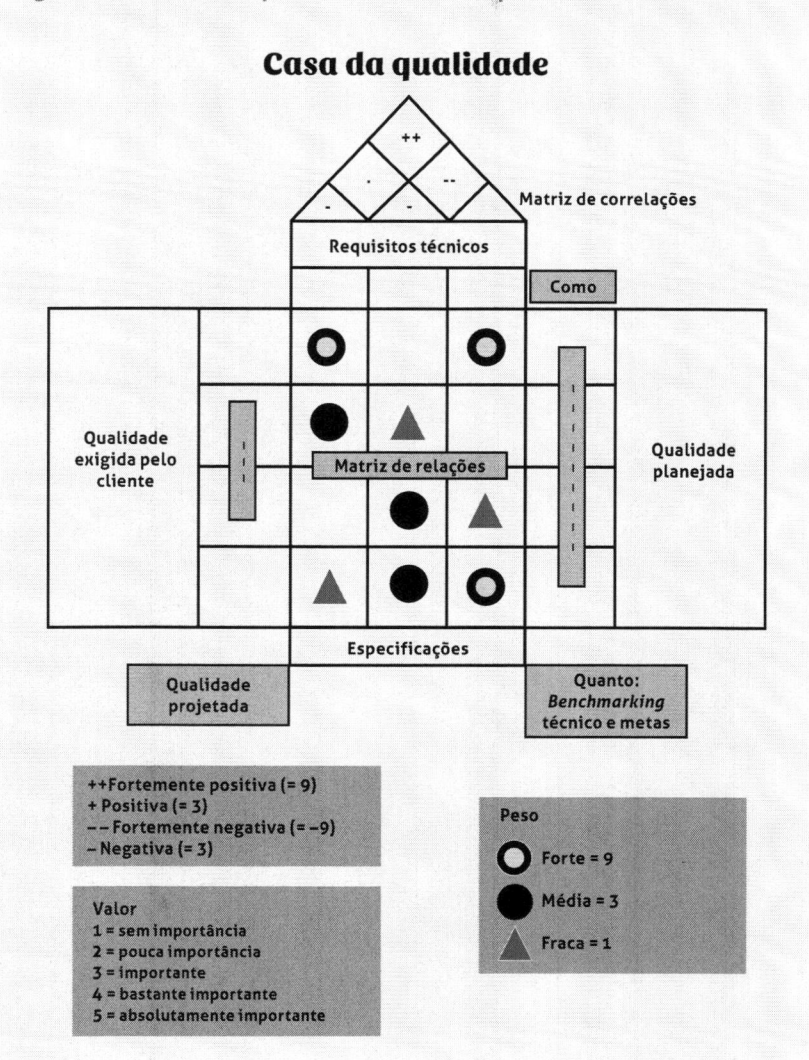

Casa da qualidade

[Diagrama da Casa da Qualidade com: Matriz de correlações (telhado), Requisitos técnicos, Como, Qualidade exigida pelo cliente, Matriz de relações, Qualidade planejada, Especificações, Qualidade projetada, Quanto: *Benchmarking* técnico e metas]

++ Fortemente positiva (= 9)
+ Positiva (= 3)
-- Fortemente negativa (= -9)
- Negativa (= 3)

Valor
1 = sem importância
2 = pouca importância
3 = importante
4 = bastante importante
5 = absolutamente importante

Peso
○ Forte = 9
● Média = 3
▲ Fraca = 1

Fonte: Cipriano, 2009, p. 19.

De forma resumida, a matriz da qualidade (ou casa da qualidade) funciona como um sistema, com entrada e saída de produtos e serviços. A entrada representa as exigências do cliente quanto à qualidade, as quais são processadas para se obter um produto de acordo com o demandado. Após a especificação daquilo que o cliente quer, há uma conversão das exigências com os requisitos técnicos para o processamento, cujo resultado final é o produto com a qualidade desejada.

Atualmente, o QFD é amplamente difundido por organizações de todo o mundo que visam aprimorar processos e aumentar a produtividade e a satisfação dos clientes.

Benchmarking

A história do *benchmarking* como objeto de estudo da ciência administrativa é muito recente – ocorreu apenas em 1979, com o exemplo da Xerox Corporation. O termo japonês *dantotsu* caracteriza de forma precisa o *benchmarking* como a busca por ser o "melhor do melhor", ou seja, a busca pela liderança contínua. Esse objetivo pode ser atingido com base em um processo de aprimoramento permanente, que consiste em diagnosticar e aprimorar as estratégias organizacionais dos concorrentes. Portanto, é a transformação dos pontos fracos da empresa e dos pontos fortes dos concorrentes em oportunidades e resultados positivos.

A Xerox introduziu o *benchmarking* como prática para comparações entre as melhores empresas a fim de desenvolver seus produtos e tornar-se mais competitiva no mercado, ultrapassando – e não somente copiando – a concorrência. Essa prática surgiu como ferramenta de Qualidade Total no fim da década de 1970 e início dos anos de 1980 em virtude da necessidade de grandes empresas recuperarem espaços perdidos para os concorrentes. Inicialmente, a ferramenta se limitava ao acompanhamento do desempenho operacional de outros *players*, visando ao estabelecimento de metas internas a serem atingidas.

Ferramentas da Qualidade Total

Alexandre Shigunov Neto

O objetivo da ferramenta é possibilitar que determinada empresa aprenda com a experiência de outras que administram situações semelhantes. Na verdade, busca-se estabelecer uma orientação para que a organização melhore os próprios processos, que podem ser o método de controle de estoques, a logística operacional, o gerenciamento de custos, a metodologia e frequência de análises de informações, entre outros.

Conforme Slack et al. (2002), a palavra *benchmark* deriva da agrimensura em que um marco (*mark*), cortado na rocha, funcionaria como ponto de referência. O *benchmarking* preocupa-se, entre outros aspectos, em observar de que forma acontece a operação, e pode ser visto, portanto, como uma abordagem para o estabelecimento de padrões de desempenho.

Para Robert Camp (1998), trata-se de um processo contínuo e sistemático de pesquisa que objetiva avaliar os produtos, os serviços e os processos de trabalho de organizações tidas como líderes em seu ramo de atividade, de forma a aprimorar e implementar essas práticas empresariais na própria empresa. Portanto, o *benchmarking* se constitui em uma pesquisa realizada pela organização para detectar as melhores práticas gerenciais que a levarão a um desempenho superior e a compreender suas forças e suas fraquezas, bem como as dos concorrentes. Em outras palavras, é um compreender a si mesmo e aos concorrentes, pois somente dessa forma é possível conquistar a liderança do mercado em que a empresa atua ou pretende atuar.

O *benchmarking* também pode ser um "processo contínuo de mediação de produtos, serviços e práticas em relação aos mais fortes concorrentes, ou às empresas reconhecidas como líderes em suas indústrias" (Camp, 1998, p. 8). Já para Reinaldo da Silva (2002, p. 470), "é o processo contínuo de comparar as estratégias, produtos e processos de uma organização com os das organizações melhores da classe".

Para Camp (1998), considerado o grande nome da área e responsável por desenvolver pesquisas sobre o assunto há mais de três décadas, o benchmarking consiste de cinco fases que são compostas de subetapas constituídas da seguinte forma:

1 Planejamento – Planejar as investigações que serão realizadas sobre o *benchmarking*.

Identificar o que marcar para referência.

Identificar empresas comparativas.

Determinar o método de coleta de dados e efetuar a coleta.

2 Análise – Realizar a coleta dos dados e sua análise.

Determinar a "lacuna" corrente de desempenho.

Projetar futuros níveis de desempenho.

3 Integração – Utilizar as análises dos dados para fixar as metas operacionais das mudanças.

Comunicar descobertas de marco de referência e obter aceitação.

Estabelecer metas funcionais.

4 Ação – Converter o planejado em ação.

Desenvolver planos de ação.

Implementar ações específicas e monitorar progressos.

Recalibrar marcos de referência.

5 Maturidade

Silva (2002) apresenta um modelo mais simplificado – mas fundamentado na proposta de Camp – e que apresenta sete passos básicos do *benchmarking*:

Ferramentas da Qualidade Total

Alexandre Shigunov Neto

1 Definir o domínio no qual o *benchmarking* será feito.

2 Identificar os que têm o melhor desempenho, ou os melhores da classe, para cada função, processo e produto que serão comparados.

3 Coletar e analisar dados para identificar falhas.

4 Definir metas de melhoria.

5 Desenvolver e implementar planos para solucionar falhas.

6 Avaliar resultados.

7 Repetir avaliações.

O principal benefício do *benchmarking* é a orientação da empresa ao exterior, na procura permanente de oportunidades de aperfeiçoamento de práticas, processos, custos, prazos, serviço de entrega, alcançando assim melhoria da competitividade no geral. Outras vantagens são: 1) facilita o reconhecimento interno da própria organização; 2) promove o conhecimento do meio competitivo; 3) facilita a direção por objetivos, uma vez que já se conhece a meta final a ser alcançada; e 4) representa um exemplo de motor e de mudança que reduz a resistência interna.

Slack et al. (2002) afirma que existem diferentes tipos de *benchmarking*, entre os quais se incluem:

Benchmarking interno – Comparação entre operações ou partes de operações em uma mesma organização.

Benchmarking externo – Comparação entre uma operação e as operações de outras organizações.

Benchmarking não competitivo – Comparação com organizações que não são concorrentes nos mesmos mercados.

- **Benchmarking competitivo** – Comparação direta entre concorrentes no mesmo mercado ou em mercados similares.
- **Benchmarking de desempenho** – Comparação entre níveis de desempenho atingidos em diferentes operações.
- **Benchmarking de práticas** – Comparação entre as práticas de operação de uma organização com aquelas adotadas por outra organização.

Seis Sigma

O Seis Sigma é um programa de melhoria da qualidade desenvolvido pelo engenheiro Bill Smith na empresa Motorola, em 1987, e que conquistou o Prêmio Malcolm Baldrige. Alguns anos mais tarde, dois ex-funcionários da empresa e especialistas em qualidade, Mikel Harry e Richard Schroeder, criaram a Six Sigma Academy, que tem como objetivo difundir o programa Seis Sigma para outras organizações.

Fique ligado!

O Prêmio Malcolm Baldrige foi instituído em 1987, nos EUA, pelo presidente Ronald Reagan com a finalidade de incentivar a melhoria da qualidade e da competitividade na indústria americana.

De acordo com Carpinetti (2012, p. 138),

> O Seis Sigma é um programa de melhoria que tem por objetivo a redução de desperdícios da não qualidade e consequentemente a redução de custos e a melhoria no atendimento de requisitos de clientes, como qualidade de produto e confiabilidade da entrega. O Seis Sigma foi definido por Mikel Harry e Richard Schroeder como

Ferramentas da Qualidade Total

Alexandre Shigunov Neto

"uma estratégia inovadora para a melhoria da qualidade, redução de custos e melhoria da satisfação dos clientes". Outra conceituação apresentada por eles para o Seis Sigma diz: "Um processo de negócio que permite que as empresas melhorem drasticamente suas atividades de forma a reduzir desperdícios ao mesmo tempo em que aumenta a satisfação dos clientes".

O programa Seis Sigma teve grande aceitação no meio empresarial após ser divulgado e implementado em várias empresas mundialmente conhecidas. O sitema utiliza o método de desenvolvimento de projetos, o DMAIC, que significa: *Define, Measure, Analyse, Improve* e *Control* (em português, *Definir, Medir, Analisar, Melhorar* e *Controlar*). Podemos dizer que ele é um método PDCA, apenas estruturado de forma diferenciada.

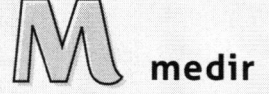

D definir

M medir

A analisar

I melhorar

C controlar

Na Figura 2.3 podemos observar o programa Seis Sigma e o método DMAIC.

Figura 2.3 – Seis Sigma e método DMAIC

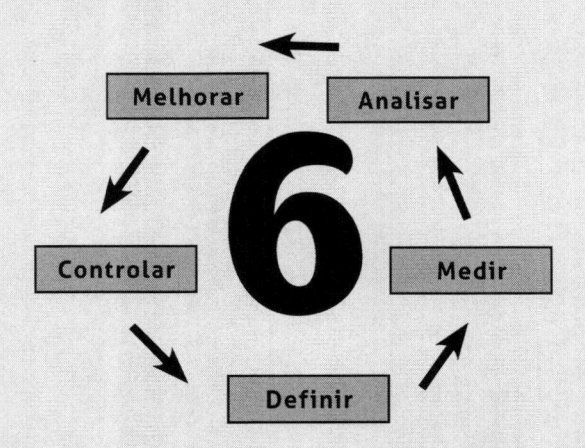

Fonte: Portal Administração, 2015.

Com a análise e a compreensão das diversas ferramentas da qualidade, finalizamos o Capítulo 2. Podemos avançar para o terceiro e último capítulo, no qual apresentaremos uma breve análise dos custos da qualidade.

Para saber mais

Caso queira obter mais informações sobre as ferramentas da qualidade, vale a pena pesquisar os seguintes livros:

BALLESTERO-ALVAREZ, M. E. **Gestão de qualidade, produção e operações**. 2. ed. São Paulo: Atlas, 2012.

CAMPOS, V. F. **Qualidade total**: padronização de empresas. Nova Lima: INDG Tecnologia e Serviços, 2004.

CARPINETTI, L. C. R. **Gestão de qualidade**: conceitos e técnicas. 2. ed. São Paulo: Atlas, 2012.

CARVALHO, M. M. de; PALADINI, E. P. (Coord.). **Gestão da qualidade**: gestão e métodos. 2. ed. Rio de Janeiro: Campus, 2012.

PALADINI, E. P. **Gestão da qualidade no processo**: a qualidade na produção de bens e serviços. São Paulo: Atlas, 1995.

PALADINI, E. P. **Gestão estratégica da qualidade**: princípios, métodos e processos. 2. ed. São Paulo: Atlas, 2009.

PALADINI, E. P. **Gestão da qualidade**: teoria e prática. 3. ed. São Paulo: Atlas, 2012.

RODRIGUES, M. V. **Entendendo, aprendendo e desenvolvendo qualidade padrão Seis Sigma**. 2. ed. Rio de Janeiro: Campus, 2013.

SELEME, R.; STADLER, H. **Controle de qualidade**: ferramentas essenciais. Curitiba: Ibpex, 2010.

TOLEDO, J. C. de. et al. **Qualidade**: gestão e métodos. Rio de Janeiro: LTC, 2012.

WERKEMA, C. **Lean Seis sigma**: introdução às ferramentas do *lean manufacturing*. Rio de Janeiro: Campus, 2011.

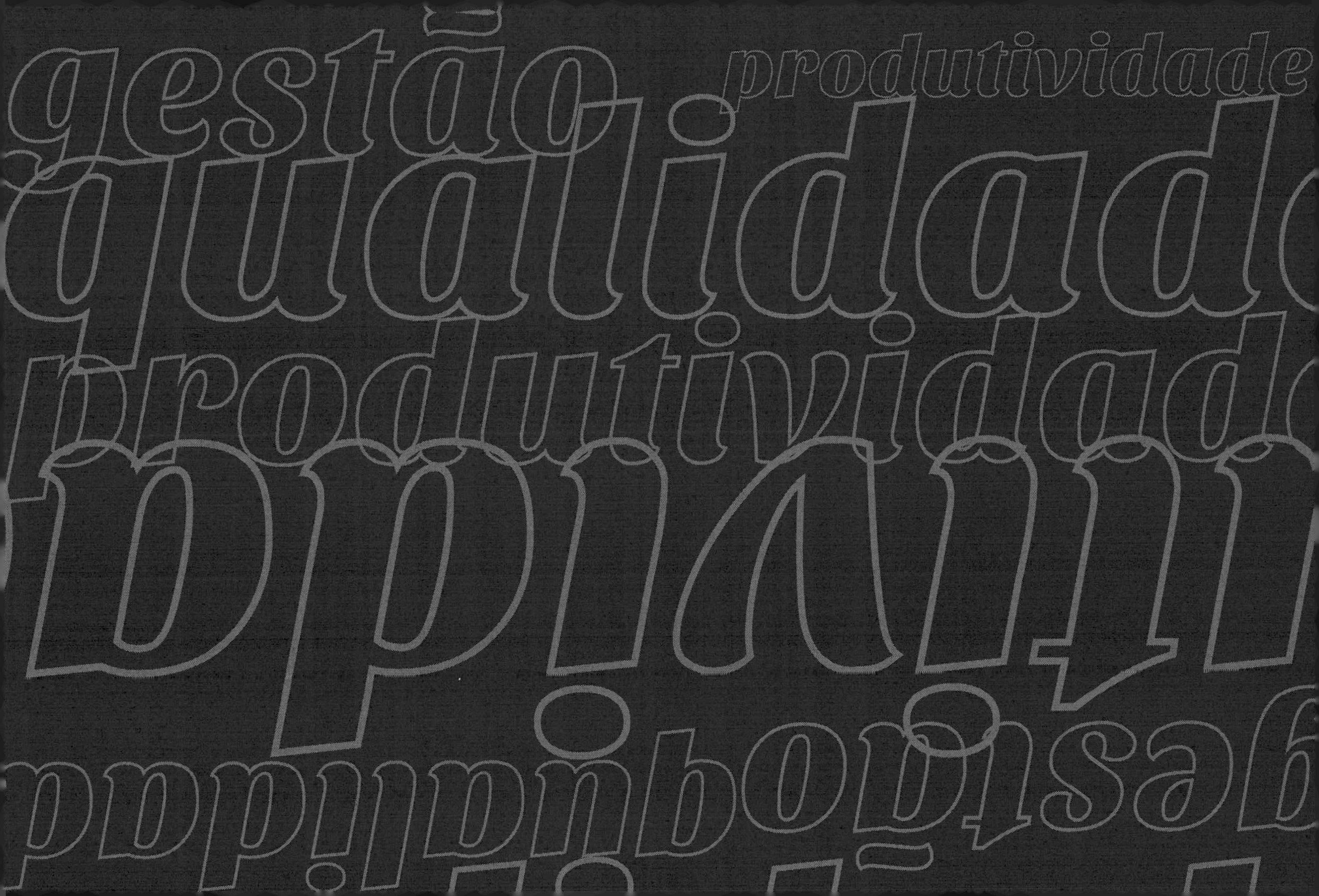
gestão
produtividade
qualidade
produtividade

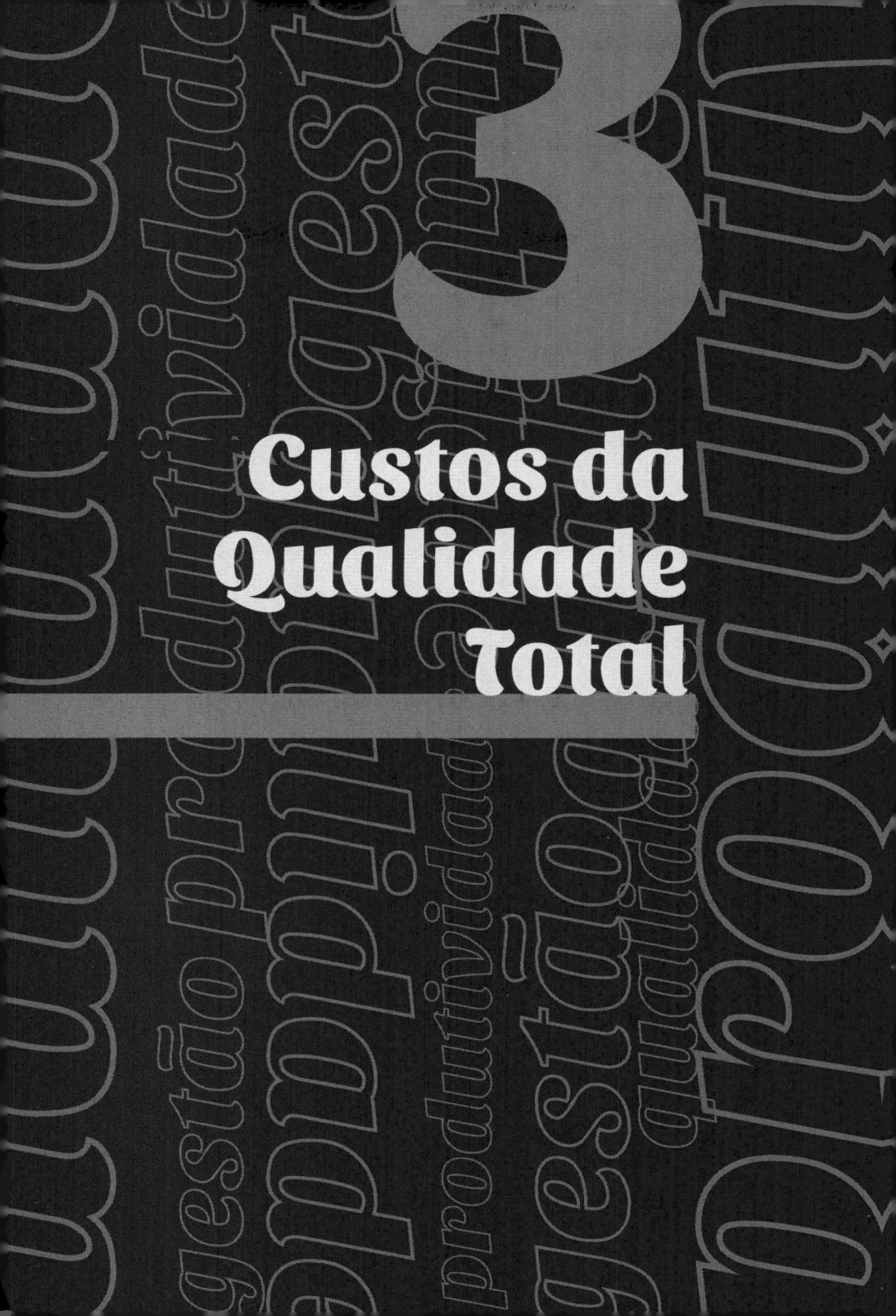

3
Custos da Qualidade Total

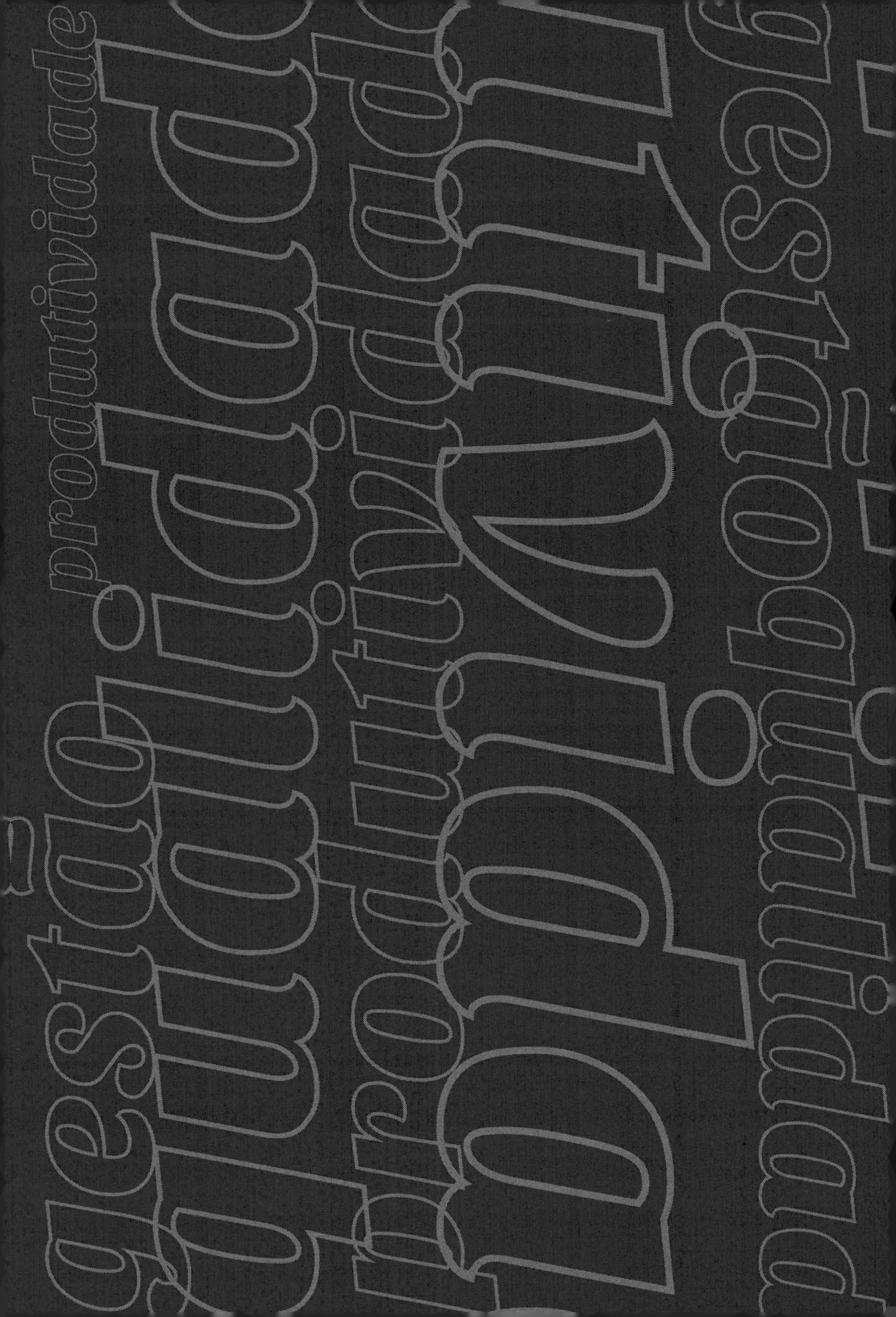
gestão qualidad
produtividade

Custos da Qualidade Total

Leticia Mirella Fischer Campos

O objetivo deste capítulo é apresentar algumas considerações importantes e necessárias sobre os custos da Qualidade Total. Primeiramente, precisamos apresentar a origem do termo *custo* para, posteriormente, procedermos a uma análise inicial e panorâmica sobre os custos da Qualidade Total.

3.1 Definição de *custos*

Custo deriva do latim *consto, constas, constati, constatum, constare* e significa ter determinado preço ou valor (Houaiss; Villar, 2009). Pode ser definido como o que deve ser despendido em dinheiro, em tempo, em esforço para se obter algo ou algum resultado pretendido.

Interessa-nos apresentar essa definição pelo fato de haver divergências e conflitos conceituais em torno do termo: para alguns, refere-se a perdas; para outros, significa despesas. Não há um consenso, mas tentaremos de forma clara e objetiva apresentar algumas definições que nos parecem apropriadas.

Antonio Lopes de Sá (1995) conceitua *custo* como tudo o que se investe para que um produto, um serviço ou uma utilidade seja obtido (no sentido amplo). Afirma, ainda, que a maioria dos autores entende que se trata das aplicações para mover a atividade, direta ou indiretamente, na produção de bens de vendas. Para George Leone (1997), diz respeito ao valor dos fatores de produção consumidos por uma firma para produzir ou distribuir produtos ou serviços, ou ambos. Por sua vez, Elisa Martins (1992) considera os custos como gastos relativos a bens ou serviços utilizados na produção de outros bens e serviços, ou seja, o valor dos insumos usados na fabricação dos produtos da empresa. Esse autor salienta que os custos também se constituem em um gasto, só que reconhecidos como tal no momento da utilização dos fatores de produção (bens e serviços) para fabricação de um produto ou execução de um serviço.

Uma vez definido resumidamente o que é custo, podemos passar para o objetivo deste capítulo, que é conceituar os custos da qualidade.

3.2 Custos da qualidade

Custos da qualidade são todos aqueles associados à obtenção e à manutenção da qualidade em uma organização, tanto em empresas de manufatura quanto em prestadoras de serviços. São inúmeras as definições, que variam conforme a visão da qualidade e as estratégias adotadas pela companhia, o que pode levar a diferentes interpretações e aplicações.

Para Joseph Moses Juran (1990), custos da qualidade não deveriam existir se o produto estivesse perfeito quando da finalização da produção. O conceito proposto por esse autor se justifica pelo fato de ele ter instituído que um dos significados da qualidade é a **ausência de defeitos**. Ele associa os custos da qualidade com as falhas na produção que levam a retrabalho, desperdício e perda de produtividade. Assim, pode-se deduzir que, se há qualidade, não há custos.

Para Crosby (1988), os custos da qualidade estão relacionados com a conformação, ou melhor, com a falta de conformidade com os requisitos. "A qualidade é medida pelo seu custo, que se apresenta na forma de não conformidades, sejam estes custos relacionados à prevenção, avaliação e fracasso" (Crosby, 1988, p. 32). O autor afirma também que os custos são a melhor maneira de a empresa medir o sucesso da implantação de um programa de qualidade, chegando a considerar a mensuração dos custos da qualidade como uma das 14 etapas para a melhoria dos custos da qualidade.

Armand Feigenbaum (1983), no livro *Controle total da qualidade*, enfatiza a importância de medidas para a qualidade e propõe a classificação dos custos da qualidade em quatro categorias: **prevenção**, **avaliação**, **falhas internas** e **falhas externas**. Essa categorização tem

Custos da Qualidade Total

Letícia Mirella Fischer Campos

sido utilizada até hoje pela maioria dos autores que aplicam e discutem esses conceitos.

Dentro do escopo da Qualidade Total, existem duas classes de custos da qualidade:

- custos relativos à deficiência da *performance* prevista de determinado sistema ou operação;
- custos que ocorreram porque o sistema ou a própria operação não eram adequados.

Quando os custos decorrentes dessas deficiências são somados, eles podem, em alguns casos, alcançar níveis muito altos, mas mesmo assim ainda falta incluir o custo da fatia de mercado perdida devido ao impacto na reputação devido à perda da qualidade. Este último custo, em muitos casos, não é quantificável. (Hutchins, 1992, p. 28)

Os custos relacionados à qualidade incluem todos aqueles (mais as atividades) que não agregam valor. Uma vez que a qualidade é um assunto da estratégia organizacional, a redução e o controle dos custos da má qualidade deveriam ser um pré-requisito de qualquer iniciativa que tenha essa preocupação.

Outra definição presente na literatura é a utilização da análise de agregação de valor dos custos, por mais estranho que possa parecer à primeira vista. Ostrenga (1991) compartilha essa visão, esclarecendo e classificando os custos de prevenção como os que agregam valor, e todos os demais (inspeção e falhas internas e externas) como aqueles que não agregam valor. Esse enfoque ressalta a necessidade de fazer o trabalho corretamente na primeira oportunidade e então suprimir a tarefa de inspecionar serviços e produtos acabados.

Os custos que constam usualmente na literatura incluem:

- itens devolvidos pelo cliente e reparos;

- produtos e componentes sucateados;
- inspeção relacionada a defeitos.

Porém, esses custos são normalmente registrados e de conhecimento da administração. No entanto, se forem analisados os que não agregam valor ao setor de serviços, será constatado que são difíceis de serem identificados. Retrabalhos e reparos realizados na prestação de serviço não são computados ao longo do processo. Os produtos que são considerados sucateados na manufatura só poderão ser avaliados se forem mal reparados após a prestação de serviços, e mesmo assim com alguma incerteza, e se houver reclamação dos clientes atendidos ou se estes não voltarem para retirar os produtos. Todavia, a correção nessa etapa poderá ocorrer tarde demais.

A inspeção na prestação de serviços também é menos visível, pois não existem procedimentos para tal, o que pode acabar, até mesmo, atrapalhando o executor da tarefa, além de não existir um padrão para a medição dos defeitos.

Tomando como base a classificação dos custos da qualidade segundo o modelo de Feigenbaum (1983), podemos descrevê-la da seguinte forma:

1 Custos de prevenção: são aqueles incorridos para evitar que falhas aconteçam. Podemos considerá-los como ligados a atividades de desenvolvimento, implementação e manutenção do sistema da qualidade com o intuito de assegurar que os produtos ou serviços atendam às especificações fornecidas e com o menor custo (Reis, 1995). Tais custos têm como objetivo controlar previamente a qualidade dos produtos e dos serviços, de forma a evitar que ocorram erros no sistema produtivo.

Para Eliza Coral (1996), são considerados custos de prevenção:

- planejamento da qualidade;
- revisão de novos produtos;

Custos da Qualidade Total

Letícia Mirella Fischer Campos

- treinamento;
- controle de processo;
- análise e aquisição de dados;
- relatórios de qualidade;
- planejamento e administração dos sistemas de qualidade;
- controle do projeto;
- obtenção das medidas de qualidade e controle do equipamento;
- suporte aos recursos humanos;
- manutenção do sistema de qualidade;
- custos administrativos da qualidade;
- gerenciamento da qualidade;
- estudo de processos;
- informação da qualidade.

2 Custos de avaliação: são aqueles decorrentes da verificação de produtos que estejam fora dos padrões estabelecidos. São os gastos com atividades desenvolvidas na identificação de unidades ou componentes defeituosos antes da remessa aos clientes internos ou externos (Galloro; Stephani, 1995).

Para Maurício Reis (1995), esses custos se relacionam a atividades de controle, avaliação ou auditorias de produtos, componentes ou materiais comprados, com a finalidade de assegurar sua conformidade às especificações. De acordo com Coral (1996), eles incluem:

- inspeção de matéria-prima;

- inspeção e teste;
- testes de equipamento;
- material consumido nos testes;
- avaliação de estoques;
- custos de preparação para inspeção e teste;
- custos de controle de compras;
- operações de laboratório;
- aprovações de órgãos externos como governo, seguro, laboratórios;
- envio dos produtos testados para a produção;
- demonstração de qualidade, relatórios de qualidade;
- manutenção e *setup*;
- testes de produção.

3 Falhas internas: são aqueles custos que ocorrem em virtude de erros no processo produtivo decorrentes de falha humana ou mecânica. Quanto antes esses erros forem detectados, menores serão os custos de correção. A norma ISO 9004 define tais custos como sendo aqueles resultantes de falha de um produto ou serviço em atender aos requisitos da qualidade antes da entrega (exemplo: refazer o serviço, reprocessamento, retrabalho, reensaio, sucata).

Alguns exemplos de falhas internas são apresentados por Coral (1996):

- refugos;
- retrabalho;

Custos da Qualidade Total

Letícia Mirella Fischer Campos

- retestes;
- paradas;
- esperas;
- falhas do fornecedor;
- utilização de material rejeitado para outras finalidades;
- ações corretivas derivadas de materiais e processos.

4 Falhas externas: classificam-se os custos gerados por problemas ocorridos após a entrega do produto ao cliente (Robles Junior, 2003); ocasionam grandes perdas em custos intangíveis, como destruição da imagem e da credibilidade da empresa, que muitas vezes é irreversível. A norma internacional ISO 9004 (Brasil, 2010) define esse tipo de custos como:

> Os custos resultantes de falha de um produto ou serviço em atender aos requisitos da qualidade, após a entrega (exemplo: assistência técnica, garantias e devoluções, custos diretos e descontos, custos de substituição dos produtos decorrentes do reconhecimento do defeito pelo fornecedor, custos de responsabilidade civil)

Coral (1996) afirma que são considerados custos de falhas externas:

- atendimento a reclamações;
- material devolvido;
- custos com garantia;
- custos de concessões dadas aos clientes, descontos;
- custos com falhas externas, após garantia;
- serviço de atendimento ao cliente.

No Quadro 3.1, vê-se a classificação de Feigenbaum, considerando outros aspectos relacionados aos custos da qualidade que podem trazer uma visão geral desse fator na avaliação e na melhoria da qualidade.

Quadro 3.1 – Classificação de custos

		Custos da função qualidade		+	Custos que ocorrem quando a função qualidade falha	
		Prevenção	Avaliação		Falhas internas	Falhas externas
Custos operacionais	=	5% a 15%	+ 20% a 25%	+	65% a 70% do Total	
Totais da qualidade	=	Custos da Qualidade		+	Custos da Má Qualidade	
(10% a 40% das vendas)	=	Custos controláveis pela gerência		+	Custos não controláveis pela gerência	
	=	Investimentos		+	Perdas e prejuízos	

Fonte: Frota, 2002.

Os custos da qualidade podem ser classificados em diversas categorias. Uma delas é formada pelos custos da função qualidade, que se dividem em prevenção e avaliação. Também é possível encontrar os custos relacionados à obtenção da qualidade e os custos relacionados à não obtenção da qualidade ou má qualidade. Há ainda aqueles que ocorrem quando a função qualidade falha (divididos em falhas internas e falhas externas).

Custos da Qualidade Total

Letícia Mirella Fischer Campos

A organização tem os custos controláveis e os não controláveis pela gerência. Por fim, existem aqueles que geram investimentos e aqueles que geram perdas e prejuízos.

A norma internacional ISO 9004:2010, no item 0.4.3.1 – Considerações relativas aos custos para a empresa –, define o seguinte: "Devem ser considerados os custos relativos a deficiências mercadológicas e de projeto, incluindo materiais insatisfatórios, retrabalho, reparo, reposição, reprocessamento, perda de produção, garantias e reparos no campo" (ABNT, 2010).

No que diz respeito às considerações relativas aos custos para o cliente (0.4.3.2), a norma estabelece que "devem ser considerados a segurança de aquisição, operação, manutenção, paralisação, reparo e possível disposição" (ABNT, 2010).

Reis (1995) informa que, embora a norma não o exija explicitamente, a implantação de um sistema da qualidade acaba requerendo a implantação de um sistema de gestão de custos da qualidade. O objetivo seria permitir a produção de produtos de acordo com requisitos especificados que satisfaçam ou excedam as expectativas dos consumidores ao mínimo custo, contribuindo para a maximização dos lucros da empresa.

Segundo esse mesmo autor, três razões justificam a implementação de um sistema de gestão de custos da qualidade:

- garantir que os diversos tipos de despesas se situem dentro dos limites predeterminados ou aceitáveis;
- assegurar que o volume de trabalho esteja compatível com os benefícios que dele advêm; e
- permitir o gerenciamento de cada um dos tipos de custos (conforme descritos anteriormente) e possibilitar que seja dada maior ênfase às áreas nas quais os custos apresentam índices mais elevados e, portanto, que necessitam ser analisadas prioritariamente.

3.3
Redução de custos e melhoria da qualidade

O desenvolvimento da qualidade deve deslocar o foco tradicional de atenção da gerência da redução de custos para a melhoria da qualidade. Karl Albrecht (1993, p. 162) afirma que "qualidade é custo: você raramente melhora a qualidade reduzindo os custos, mas com frequência pode reduzir os custos melhorando a qualidade".

A falta da qualidade gera prejuízo, pois, quando um produto apresenta defeitos, a empresa gasta novamente para corrigi-los e o custo de produção de uma peça defeituosa pode até dobrar. Tais custos provenientes de falhas no processo produtivo fazem parte dos custos da qualidade e servem para medir o desempenho dos programas de melhoria nas organizações.

Álvaro Frota (2002), mostrou, por experiência própria, que os custos operacionais totais associados à qualidade e à sua falta são bem maiores do que parecem à primeira vista. Na maioria das companhias que não contam com a função *qualidade estruturada*, eles variam de 10% a 40% do total das vendas e são em sua quase totalidade oriundos da má qualidade.

Heldt (1994) afirma que, para cada dólar gasto na prevenção e na avaliação da qualidade, pode-se ganhar quatro dólares na diminuição de falhas internas e externas. Muitos dos principais autores que tratam da qualidade, como William Edwards Deming e Crosby, defendem a existência de uma correlação direta entre qualidade e lucratividade. Assim, a análise dos custos da qualidade é uma ferramenta que deverá assegurar essa correlação.

Segundo Michiharu Sakurai (1997), o objetivo do custo da qualidade é fabricar um produto com alta qualidade ao menor custo possível. Isso é alcançado apurando-se os custos das falhas de conformidade às especificações. Para ressaltar sua importância, Sakurai relata que, nos EUA, onde o custeio da qualidade é utilizado em larga escala, os custos chegavam a 20% do valor das vendas, ao passo que no Japão essa porcentagem era de 2,5% a 4%.

3.4 Obtenção dos custos da qualidade

Para Coral (1996), a obtenção de custos da qualidade por meio da utilização do enfoque tradicional apresenta um relatório financeiro de falhas, que serve apenas para medir a qualidade em uma empresa, sem apontar as causas das falhas e, dessa forma, sem alcançar resultado significativo no gerenciamento da qualidade. A autora complementa que a nova tendência da utilização do conceito de valor agregado aos custos da qualidade relaciona os itens de prevenção e falhas com as atividades que agregam ou não agregam valor ao consumidor. Assim, o gerenciamento da qualidade baseia-se na eliminação de atividades que não agregam valor e que resultam em custos desnecessários para a organização.

Nesse contexto, custos da qualidade são então obtidos por intermédio de sistemas de custeio baseados em atividades. Os itens de custos da qualidade podem ser divididos em **atividades relacionadas à prevenção da qualidade para os custos de controle** e **falhas internas e externas relacionadas às atividades realizadas na empresa e que não adicionam valor aos produtos ou aos serviços para os custos da falta de controle**.

No Quadro 3.2, estão subdivididas as contas dos custos da qualidade, de forma a determinar aqueles relativos à prevenção, à avaliação, às falhas internas e externas, bem como a que departamento compete esse custo. O objetivo não é apenas determinar pontualmente a falha, mas utilizar a interação entre os departamentos para corrigir e reduzir os custos gerados.

Quadro 3.2 – Custos da qualidade

CUSTOS OPERACIONAIS TOTAIS DA QUALIDADE			
Departamento contas	Produção	Manutenção	Laboratório
1. Custos da qualidade			
1.1. Custos de prevenção			
2. Custos da má qualidade			
2.1. Custos de avaliação			
2.2. Custos de falhas internas			
2.3. Custos de falhas externas			
Custo total: boa + má qualidade			

(continua)

Galloro e Stephani (1995) complementam que, além de expressarem monetariamente os diversos componentes do custo da qualidade, os relatórios podem conter uma relação percentual desses custos com outros indicadores de desempenho da empresa, o que facilita a análise com vistas à tomada de decisão.

Juran, citado por Galloro e Stephani (1995), aconselha que podem ser utilizadas várias bases para quantificar o percentual dos custos da qualidade e posteriormente selecionar as que melhor atendem às necessidades da empresa. Nessa escolha, devem ser consideradas as características inerentes à atividade e ao processo produtivo. Galloro e Stephani (1995) citam as bases que vêm sendo mais utilizadas:

Custos da Qualidade Total

Letícia Mirella Fischer Campos

(Quadro 3.2 – conclusão)

Engenharia	Almoxarifado	Administração	Outros	Total

Fonte: Frota, 2002.

- **c**usto de mão de obra direta;
- **c**usto de mão de obra padrão;
- **c**usto direto de produção;
- **c**usto total de produção;
- **c**usto de fabricação;
- **v**olume de produção;
- **v**olume agregado;
- **v**alor das vendas.

Ainda para Galloro e Stephani (1995), podem ser utilizadas outras bases, como:

- percentual do custo da qualidade em relação ao custo da unidade fabricada;
- percentual da quantidade de produtos refugados em relação ao total das unidades boas produzidas;
- percentual do custo da qualidade em relação ao faturamento total.

Igualmente, poderiam ser adicionados índices de medição do nível de qualidade em relação à satisfação do consumidor, conforme Horngren, citado por Coral (1996), como:

- percentual das unidades defeituosas vendidas;
- quantidade de consumidores insatisfeitos;
- tempo médio de espera dos clientes;
- percentual de entregas feitas a tempo.

Outro indicador que deve ser utilizado é a margem de contribuição que se perde nas vendas não efetivadas e que foi ocasionada pela deficiência da qualidade do produto, especificando-a quanto a produtos refugados ou ainda àqueles vendidos por preço inferior ao que seria cobrado se não apresentassem problemas de qualidade (Galloro; Stephani, 1995).

Para saber mais

Caso queira obter mais informações sobre os custos da qualidade, vale a pena pesquisar os seguintes livros:

CARPINETTI, L. C. R. **Gestão de qualidade**: conceitos e técnicas. 2. ed. São Paulo: Atlas, 2012.

CARVALHO, M. M. de; PALADINI, E. P. (Coord.). **Gestão da qualidade**: gestão e métodos. 2. ed. Rio de Janeiro: Campus, 2012.

CORAL, E. **Avaliação e gerenciamento dos custos da não qualidade**. 172 f. Dissertação (Mestrado em Engenharia de Produção) – Universidade Federal de Santa Catarina, Florianópolis, 1996.

GALLORO, L. R. R. S.; STEPHANI, D. E. **Custos da qualidade e da não qualidade**. São Paulo: Atlas, 1995.

LEONE, G. S. G. **Curso de contabilidade de custos**. São Paulo: Atlas, 1997.

LOBO, R. N.; SILVA, D. L. da. **Gestão da qualidade**: diretrizes, ferramentas, métodos e normatização. Rio de Janeiro: Érica, 2014.

MARTINS, E. **Contabilidade de custos**. São Paulo: Atlas, 1992.

TOLEDO, J. C. de. et al. **Qualidade**: gestão e métodos. Rio de Janeiro: LTC, 2012.

Considerações finais

Pudemos perceber, ao longo deste livro, que a finalidade inicial da gestão da qualidade era, inicialmente, realizar a inspeção técnica para verificação das especificações daquilo que era fabricado. Para isso, foram implementados mecanismos de controle estatístico de qualidade cujo objetivo único e exclusivo era certificar que os produtos produzidos se encontravam dentro dos padrões predeterminados.

A qualidade como modelo de gestão administrativa se transformou ao longo da recente história da ciência administrativa, adequando-se dessa forma às exigências do mercado. Obviamente, continuará a se modificar nos anos vindouros, para atender às demandas de uma sociedade em mudança e que consequentemente altera e amplia suas necessidades.

Observamos também que o tema *qualidade* conta atualmente com vários pesquisadores nacionais e internacionais dedicados ao seu estudo. Entretanto, os autores clássicos foram William Edwards Deming, Joseph Moses Juran, Philip B. Crosby, Kaoru Ishikawa, Armand Feigenbaum e Genichi Taguchi, com contribuições e reflexões que mereceram a nossa atenção.

Sabemos, após a leitura desta obra, que é possível dividir as ferramentas da Qualidade Total em básicas, intermediárias e avançadas. As primeiras constituem técnicas e métodos simples utilizados nos momentos iniciais da implantação da Qualidade Total e visam conscientizar toda a empresa e fazer que haja envolvimento e comprometimento com essa filosofia. Entre elas podemos destacar o *kaizen* e o 5S.

Já as ferramentas intermediárias consistem em técnicas e métodos um pouco mais complexos e que necessariamente dependem do envolvimento e do compromisso de todos os membros da organização, pois, caso contrário, não alcançarão o resultado esperado. Entre elas se incluem o controle estatístico de processos (CEP), o *Just-in-Time* (JIT) e as Normas ISO 9000 e ISO 14000. As ferramentas avançadas, por sua vez, tratam de técnicas e métodos bem mais complexos e que somente devem ser utilizados quando a qualidade já se tornou uma filosofia de gestão entre todos os membros da organização. São exemplos delas o *Quality Function Deployment* (QFD), o *benchmarking* e o Seis Sigma.

É importante destacarmos que a implantação e a manutenção da qualidade em qualquer organização só é possível se forem levados em conta e analisados os custos da qualidade, que são todos aqueles associados à obtenção e à manutenção da qualidade em uma organização, tanto em empresas de manufatura quanto em organizações prestadoras de serviços. São inúmeras as definições de custo, que variam conforme a visão da qualidade e as estratégias adotadas pela companhia, o que pode levar a diferentes interpretações e aplicações.

A qualidade como uma abordagem administrativa é fundamental para o sucesso das organizações e na busca da tão almejada competitividade. No entanto, é preciso que haja participação de todos os envolvidos, principalmente da alta administração. É possível afirmarmos, finalmente, que ela é mais do que um modismo: trata-se de uma essencial para as organizações, pois, quando implementada de forma adequada e com responsabilidade, pode trazer grandes benefícios.

Este é o desafio para todos que já lidam com o tema no cotidiano profissional e para quem está se preparando para ingressar no mercado de trabalho: tão importante quanto dominar conceitos, técnicas e ferramentas é tornar a qualidade um elemento indissociável da vida das organizações. Em última instância, é o que pode determinar a maior ou a menor competitividade e, consequentemente, a permanência e o sucesso na prestação de serviços ou na fabricação de produtos ou o fracasso e o desaparecimento.

Referências

ABNT – Associação Brasileira de Normas Técnicas. **NBR ISO 9000**: Sistema de gestão da qualidade – Fundamentos e vocabulário. Rio de Janeiro, 2015a.

_____. **NBR ISO 9001**: Sistemas de gestão da qualidade – Requisitos. Rio de Janeiro, 2015b.

_____. **NBR ISO 9004**: Sistema de gestão da qualidade – Diretrizes para melhorias de desempenho. Rio de Janeiro, 2010.

_____. **NBR ISO 10002**: Gestão da qualidade – Satisfação de clientes – Diretrizes para o tratamento de reclamações nas organizações. Rio de Janeiro, 2005.

_____. **NBR ISO 10005**: Gestão da qualidade – Diretrizes para planos da qualidade. Rio de Janeiro, 2007

_____. **NBR ISO 10006**: Gestão da qualidade – Diretrizes para a qualidade no gerenciamento de projetos. Rio de Janeiro, 2006.

ABNT – Associação Brasileira de Normas Técnicas. **NBR ISO 10007**: Gestão da qualidade – Diretrizes para a gestão de configuração. Rio de Janeiro, 2005.

_____. **NBR ISO 10015**: Gestão da qualidade – Diretrizes para treinamento. Rio de Janeiro, 2001.

_____. **NBR ISSO 14001**: Sistemas de gestão ambiental – Requisitos com orientações para uso. Rio de Janeiro, 2015c.

_____. **NBR ISO 19011**: Diretrizes para auditorias de sistema de gestão da qualidade e/ou ambiental. Rio de Janeiro, 2012.

ALAMO, T. Gestão pela qualidade total. Disponível em: <http://slideplayer.com.br/slide/367616/>. Acesso: em 19 ago. 2015.

ALBRECHT, K. **The Only Thing that Matters:** Bringing the Power of the Customer into the Center of your Business. Homewood, Ill.: Dow Jones-Irwin, 1993.

BALLESTERO-ALVAREZ, M. E. **Gestão de qualidade, produção e operações**. 2. ed. São Paulo: Atlas, 2012.

BEZERRA, F. Ciclo PDCA: conceito e aplicação (Guia geral). **Portal Administração**. 2014a. Disponível em: <http://www.portal-administracao.com/2014/08/ciclo-pdca-conceito-e-aplicacao.html>. Acesso em: 19 ago. 2015.

_____. Diagrama de Ishikawa: causa e efeito. **Portal Administração**, 2014b. Disponível em: <http://www.portal-administracao.com/2014/08/diagrama-de-ishikawa-causa-e-efeito.html>. Acesso em: 19 ago. 2015.

BITENCOURT, C. Os segredos da implantação da metodologia 5S. **Sobre Administração**, 16 nov. 2010. Disponível em: <http://www.sobreadministracao.com/os-segredos-da-implantacao-da-metodologia-5s/>. Acesso em: 19 ago. 2015.

BRAVO, I. **Gestão de qualidade em tempos de mudanças**. 3. ed. rev. Campinas: Alínea, 2010.

BROCKA, B. M.; BROCKA, M. S. **Gerenciamento da qualidade**. São Paulo: Makron Books, 1994.

CAMP, R. C. **Benchmarking**: o caminho da qualidade total. São Paulo: Pioneira, 1998.

CAMPOS, V. F. **Gerenciamento pelas diretrizes**. 4. ed. Nova Lima: INDG Tecnologia e Serviços, 2004a.

_____. **Qualidade total**: padronização de empresas. Nova Lima: INDG Tecnologia e Serviços, 2004b.

_____. **TQC**: controle da qualidade total no estilo japonês. 9. ed. Nova Lima: INDG Tecnologia e Serviços, 2014.

CARAVANTES, G. R.; CARAVANTES, C. B.; BJUR, W. E. **Administração e qualidade**: a superação dos desafios. São Paulo: Makron Books, 1997.

CARPINETTI, L. C. R. **Gestão de qualidade**: conceitos e técnicas. 2. ed. São Paulo: Atlas, 2012.

CARPINETTI, L. C. R.; GEROLAMO, M. C.; MIGUEL, P. A. C. **Gestão de qualidade**: ISO 9001 – 2008: princípios e requisitos. 3. ed. São Paulo: Atlas, 2010.

CARVALHO, M. M. de; PALADINI, E. P. (Org.). **Gestão da qualidade**: gestão e métodos. 2. ed. Rio de Janeiro: Campus, 2012.

CASTELLS, M. **A sociedade em rede**: a era da informação – economia, sociedade e cultura. São Paulo: Paz e Terra, 1999.

CIERCO, A. A. et al. **Gestão da qualidade**. 10. ed. Rio de Janeiro: Ed. da FGV, 2010. (Série Gestão Empresarial)

CIPRIANO, L. C. et al. **QFD**: Quality Function Deployment. Piracicaba: USP/Esalq, 2009. Disponível em: <http://pt.slideshare.net/esalq/qfdquality-function-deployment>. Acesso em: 19 ago. 2015.

CLUTTERBUCK, D.; CRAINER, S. **Grandes administradores**: homens e mulheres que mudaram o mundo dos negócios. Rio de Janeiro: J. Zahar, 1993.

CORAL, E. **Avaliação e gerenciamento dos custos da não qualidade**. 172 f. Dissertação (Mestrado em Engenharia de Produção) – Universidade Federal de Santa Catarina, Florianópolis, 1996.

CORRÊA, H. L.; CORRÊA, C. A. **Administração de produção e operações**: manufatura e serviços. São Paulo, Atlas, 2004.

CRAINER, S. **Grandes pensadores da administração**: as ideias que revolucionaram o modo dos negócios. São Paulo: Futura, 2000.

CROSBY, P. B. **Qualidade é investimento**. 3. ed. Rio de Janeiro: José Olympio, 1988.

_____. **Quality is free**: the art of Making Quality Certain. New York: Mentor, 1980.

DEMING, W. E. **Qualidade**: a revolução da administração. Rio de Janeiro: M. Saraiva, 1990.

DRUCKER, P. F. **Prática de administração de empresas**. 3.ed. Rio de Janeiro: Fundo de Cultura, 1969.

DRUMMOND, H. **Movimento pela qualidade**: de que o gerenciamento de qualidade total realmente se trata. São Paulo: Littera Mundi, 1998.

EPPRECHT, E. K.; COSTA, A. F. B.; CARPINETTI, L. C. R. **Controle estatístico de qualidade**. 2. ed. São Paulo: Atlas, 2005.

FEIGENBAUM, A. V. **Total Quality Control**. New York: McGraw-Hill, 1983.

FERNANDES, A. **Gestão por processos em organizações de segurança pública**. Disponível em: <http://pt.slideshare.net/acruzfe1962/gesto-processos-segurana-pblica-parte-3-slide-share>. Acesso em: 19 ago. 2015.

FNQ – Fundação Nacional da Qualidade. Disponível em: <https://www.fnq.org.br/>. Acesso em: 19 ago. 2015.

FROTA, A. O Céu e o Inferno das empresas. **Revista Banas Qualidade**, n. 117, p. 26, fev. 2002.

GALLORO, L. R. R. S.; STEPHANI, D. E. **Custos da qualidade e da não qualidade**. São Paulo: Atlas, 1995.

GARVIN, D. A. **Gerenciando a qualidade**: a visão estratégica e competitiva. Rio de Janeiro: Qualitymark, 1992.

HELDT, J. J. **More than Ever, Quality Pays**. Washington: Quality Institute, 1994.

HOBSBAWM, E. J. **Da Revolução Industrial inglesa ao imperialismo**. 2. ed. Rio de Janeiro: Forense, 1979.

HOUAISS, A.; VILLAR, M. de S. **Dicionário eletônico Houaiss da língua portuguesa**. versão 3.0. Rio de Janeiro: Instituto Antônio Houaiss; Objetiva, 2009. 1 CD-ROM.

HUTCHINS, D. **Sucesso através da qualidade total**. Rio de Janeiro: Imagem, 1992.

HUTCHINS, G. **ISO 9000**: um guia completo para o registro, as diretrizes da autonomia e a certificação bem-sucedida. São Paulo: Makron Books, 1994.

ISHIKAWA, K. **Controle de qualidade total**: à maneira japonesa. 3. ed. Rio de Janeiro: Campus, 1993.

_____. **TQC – Total Quality Control**: estratégia e administração da qualidade. São Paulo: IMC Internacional, 1986.

JURAN, J. M. **Juran planejando para a qualidade**. São Paulo: Pioneira, 1990.

LAS CASAS, A. L. **Qualidade total em serviços**: conceitos, exercícios, casos práticos. 6. ed. São Paulo: Atlas, 2008.

LEONE, G. S. G. **Curso de contabilidade de custos**. São Paulo: Atlas, 1997.

LOBO, R. N.; SILVA, D. L. da. **Gestão da qualidade**: diretrizes, ferramentas, métodos e normatização. Rio de Janeiro: Érica, 2014.

MARTINS, E. **Contabilidade de custos**. São Paulo: Atlas, 1992.

MARX, K. **O capital**: crítica da economia política. 11. ed. São Paulo: Difel, 1987. Livro I. v. 1.

MAXIMIANO, A. C. A. **Introdução à administração**. 5. ed. São Paulo: Atlas, 2000.

_____. **Teoria geral da administração**: da revolução urbana à revolução cigital. 5. ed. rev. e atual. São Paulo: Atlas, 2005.

MOREIRA, D. A. **Administração da produção e operações**. 2. ed. São Paulo: Pioreira Thomson Learning, 2004.

OAKLAND, J. S. **Gerenciamento da qualidade total**. São Paulo: Nobel, 1994.

OLIVEIRA, M. A. **Mitos e realidade da qualidade no Brasil**. São Paulo: Nobel, 1994.

O SEIS SIGMA e a melhoria dos processos. **Portal Administração**. Disponível em: <http://www.portal-administracao.com/2014/09/6-seis-sigma-melhoria-dos-processos.html>. Acesso em: 19 ago. 2015.

OSTRENGA, M. R. Return on Investment through the Cost of Quality. **Journal of Cost Management**, v. 5, n. 2, p. 37-44, Summer 1991.

PALADINI, E. P. **Avaliação estratégica da qualidade**. 2. ed. São Paulo: Atlas, 2011.

_____. **Gestão da qualidade**: teoria e prática. 3. ed. São Paulo: Atlas, 2012.

_____. **Gestão estratégica da qualidade**: princípios, métodos e processos. 2. ed. São Paulo: Atlas, 2009.

PALADINI, E. P. **Gestão da qualidade no processo**: a qualidade na produção de bens e serviços. São Paulo: Atlas, 1995.

_____. **Qualidade total na prática**. São Paulo: Atlas, 1994.

PURI, S. C. **ISO 9000 certificação**: gestão da qualidade total. Rio de Janeiro: Qualitymark, 1994.

RAMALHO, J. J. P.; FIGUEIRA, T. **NBR ISSO 9001:2008**: guia brasileiro para interpretação e aplicação. São Paulo: Atlas, 2008.

REIS, M. J. L. **ISO 14000**: gerenciamento ambiental – um novo desafio para a sua competitividade. Rio de Janeiro: Qualitymark, 1995.

RIBEIRO, H. **5S**: a base para a qualidade total. Salvador: Casa da Qualidade, 1994.

RIGONI, J. R. Norma ISO: o que é e como funciona. **Sobre Administração**, 8 maio 2013. *On-line*. Disponível em: <http://www.sobreadministracao.com/o-que-como-funciona-iso-9001>. Acesso em: 19 ago. 2015.

ROBLES JUNIOR, A. **Custos da qualidade**: aspectos econômicos da gestão da qualidade e da gestão ambiental. 2. ed. São Paulo: Atlas, 2003.

RODRIGUES, M. V. **Entendendo, aprendendo e desenvolvendo qualidade padrão Seis Sigma**. 2. ed. Rio de Janeiro: Campus, 2013.

SÁ, A. L. de. Custo da qualidade total. **Boletim IOB – Temática contábil e balanços**. São Paulo, n. 2, p. 12-16, 1995.

SAKURAI, M. **Gerenciamento integrado de custos**. São Paulo: Atlas, 1997.

SCHONBERGER, R. J. **Técnicas industriais japonesas**: nove lições ocultas sobre simplicidade. 2. ed. São Paulo: Pioneira, 1984.

SEAVER, M. TC 176 surveys ISO 9000 user requirements for year 2000 revisions. **ISO 9000 News**, v. 7, n. 5, p. 1-4, Sept./Oct. 1998.

SELEME, R.; STADLER, H. **Controle de qualidade**: ferramentas essenciais. Curitiba: Ibpex, 2010.

SHIBA, S.; GRAHAM, A.; WALDEN, D. **TQM**: quatro revoluções na gestão da qualidade. Porto Alegre: Artes Médicas, 1997.

SHIGUNOV NETO, A.; CAMPOS, L. M. F. **Manual de gestão da qualidade**: aplicado aos cursos de graduação. Rio de Janeiro: Fundo de Cultura, 2004.

SHIGUNOV NETO, A.; CAMPOS, L. M. de S.; SHIGUNOV, T. **Fundamentos da gestão ambiental**. Rio de Janeiro: Ciência Moderna, 2009.

SHIGUNOV NETO, A.; DENCKER, A. de F. M.; CAMPOS, L. M. F. **Dicionário de administração e turismo**. Rio de Janeiro: Ciência Moderna, 2005.

SHIGUNOV NETO, A.; GOMES, R. M. **Introdução ao estudo da administração estratégica**. Curitiba: InterSaberes, 2015. (No prelo).

SHIGUNOV NETO, A.; MACIEL, L. S. B. Transformação social e modo de produção: do sistema pré-industrial ao sistema capitalista de produção. **Revista Gestão em Ação**, Salvador, v. 9, n. 3, p. 339-350, set./dez. 2006. Disponível em: <http//www.gestaoemacao.ufba.br/revistas/rga05.03.2007%20eletronica.pdf>. Acesso em: 19 ago. 2015.

SHIGUNOV NETO, A.; SCARPIM, J. A. **Terceirização em serviços de manutenção industrial**. Rio de Janeiro: Interciência, 2013.

SHIGUNOV NETO, A.; TEIXEIRA, A. A.; CAMPOS, L. M. F. **Fundamentos da ciência administrativa**. Rio de Janeiro: Ciência Moderna, 2005.

SHIOZAWA, R. S. C. **Qualidade no atendimento e técnica da informação**. São Paulo: Atlas, 1993.

SILVA, J. M. da. **O ambiente da qualidade na prática**: 5S. 3. ed. Belo Horizonte: Fundação Christiano Ottoni, 1996.

SILVA, R. O. da. **Teorias da administração**. São Paulo: Pioneira Thomson Learning, 2002.

SLACK, N. et al. **Administração da produção**. São Paulo: Atlas, 2002.

SPINOLA, M. de M.; BERSSANETI, F. T.; LOPES, F. B. **Gerenciamento da qualidade em projetos**. Rio de Janeiro: Campus, 2014. (Coleção Grandes Especialistas Brasileiros)

TAGUCHI, G. **Engenharia da qualidade em sistemas de produção**. São Paulo: McGraw-Hill, 1990.

TOLEDO, J. C. de et al. **Qualidade**: gestão e métodos. Rio de Janeiro: LTC, 2012.

UMEDA, M. **ISO e TQC**: o caminho em busca de GQT. Belo Horizonte: Fundação Christiano Ottoni, 1996.

VEDOVATO, T. **Gestão de qualidade**: Joseph Moses Juran. Disponível em: <http://pt.slideshare.net/thiagovedovato/gesto-de-qualidade-joseph-moses-juran>. Acesso em: 19 ago. 2015.

VICIADOS NA HISTÓRIA. **Esquema**: Revolução Industrial. 9 fev. 2013. Disponível em: <https://viciadosnahistoria.wordpress.com/2013/02/09/esquema-revolucao-industrial/>. Acesso em: 19 ago. 2015.

VIEIRA FILHO, G. **Gestão da qualidade total**: uma abordagem prática. 4. ed. Campinas: Alínea e Átomo, 2012.

VOSS, C. A.; ROBINSON, S. J. Application of Just-in-Time Manufacturing Techniques in the UK. **International Journal of Operations & Production Management**, v. 7, n. 4, p. 46-52, 1987.

Sobre os autores

Alexandre Shigunov Neto
Mestre em Educação pelo Programa de Pós-Graduação em Educação da Universidade Estadual de Maringá (UEM), especialista em Economia Empresarial pela Universidade Estadual de Londrina (UEL) e bacharel em Administração pela UEM. É o administrador do Instituto Federal de São Paulo (IFSP) – *campus* Itapetininga.
E-mail: shigunov@gmail.com

Letícia Mirella Fischer Campos
Mestre em Engenharia da Produção pela Pontifícia Universidade Católica do Paraná (PUCPR) e bacharel em Administração pela mesma instituição. Atuou como coordenadora do curso de Administração das Faculdades Opet e atualmente é professora substituta na Universidade Federal do Paraná (UFPR) e docente em diversas instituições de ensino superior.
E-mail: leticiafischer@hotmail.com

EDITORA intersaberes

Rua Clara Vendramin, 58 . Mossunguê . CEP 81200-170
Curitiba . PR . Brasil . Fone: (41) 2106-4170
www.intersaberes.com . editora@editoraintersaberes.com.br

Conselho editorial
Dr. Ivo José Both (presidente)
Dr.ª Elena Godoy
Dr. Nelson Luís Dias
Dr. Neri dos Santos
Dr. Ulf Gregor Baranow

Editora-chefe
Lindsay Azambuja

Supervisora editorial
Ariadne Nunes Wenger

Analista editorial
Ariel Martins

Capa
Laís Galvão dos Santos

Projeto gráfico
Stefany Conduta Wrublevski

Iconografia
Vanessa Plugiti Pereira

Dados Internacionais de Catalogação na Publicação (CIP)
(Câmara Brasileira do Livro, SP, Brasil)

Shigunov Neto, Alexandre
  Introdução à gestão da qualidade e produtividade: conceitos, história e ferramentas/Alexandre Shigunov Neto, Letícia Mirella Fischer Campos. Curitiba: InterSaberes, 2016.

  Bibliografia
  ISBN 978-85-443-0378-8

  1. Controle de qualidade 2. Produtividade 3. Qualidade total – Administração 4. Qualidade total – Gerenciamento I. Campos, Letícia Mirella Fischer. II. Título.

16-00355   CDD-658.4013

Índices para catálogo sistemático:
1. Gestão da qualidade: Administração de empresas
658.4013
2. Qualidade: Gestão: Administração de empresas
658.4013

1ª edição, 2016
Foi feito o depósito legal.
Informamos que é de inteira responsabilidade dos autores a emissão de conceitos.
Nenhuma parte desta publicação poderá ser reproduzida por qualquer meio ou forma sem a prévia autorização da Editora InterSaberes.
A violação dos direitos autorais é crime estabelecido na Lei n. 9.610/1998 e punido pelo art. 134 do Código Penal.

Impressão: Gráfica
Janeiro/2016